BASADA EN HECHOS REALES

CONSUELO
(MARIE LINDA)

LUIS ARAMBILET

CONSUELO (Marie Linda)
©Luis Arambilet, 2020
ISBN-13: 978-1542596541
Novela basada en hechos biográficos expresados por Consuelo Elena Majluta Villanueva y William Jana.
Fotografías y facsímiles de documentos: Archivos familiares Majluta-Villanueva y Belleville-Béliveau, Biblioteca Municipal de Drummondville.
Registro Oficina Nacional de Derechos de Autor R.D.: 000111694, libro 20.

CANVAS

Toma los pinceles de la pasada sesión, junto a las brochas de pelo de marta y procede a limpiar los restos de pintura seca.

Tiene puesta su camiseta blanca favorita y sus cómodos vaqueros cortos, un atuendo que le place y que conserva el rastro de las gotas multicolores que se han acumulado en las tantas madrugadas de desvelo, donde es capaz de analizar noche a noche el inusual curso de su vida, su trasfondo al arrullo de melodías conocidas que estimulan los recuerdos.

Observa el canvas impoluto y las espátulas que se entremezclan con los tubos de pintura acrílica sobre la mesa desordenada.

Está lista para incidir la blancura del lienzo e iniciar un nuevo viaje, abordar a golpes de muñeca un sendero que le permite derivar desde su concepción hasta el primer aliento, y de allí, hacia lo que ha significado llegar a ser ella misma.

A entenderlo todo.

Santo Domingo,
República Dominicana, 2017

Consuelo, muy quieta, mira a través del amplio ventanal de la moderna torre de oficinas, hacia el lento y congestionado tráfico automotriz del mediodía, dieciocho pisos más abajo. Observa, desde la privilegiada distancia que la separa de la avenida citadina, los autos minúsculos derivar como si nadasen en un mar de melaza tibia, cual manada sin líder, un proceso caótico e irracional, a pesar de los esfuerzos de los controladores uniformados de verde, apenas hormigas, que gesticulan con marcado frenesí y parecen gritar órdenes imposibles desde sus aparatos de radio.

Su complexión menuda y su carácter vivaz hoy parecen haberse trastocado en la grisácea y bruñida superficie que la refleja, pues la grácil silueta a contraluz, muy femenina, parece haber adquirido una dimensión agigantada y lleva el cúmulo de pendientes con una calma inusual. Parece estar en paz consigo misma, aunque el dibujo de sus pupilas muy azules sobre el doble cristal de seguridad, puede que revelen otra cosa, quizás una mínima dosis de temor o incertidumbre, una mirada que ya he detectado antes y que hoy solicita algún tipo de definición que a la vez la reconforte, delicadamente, sin disturbar su viaje íntimo y necesario.

Sobre la pared, el escudo de la misión consular canadiense en República Dominicana, ornado en azul, rojo y dorado sobre metal, con sus leones, arpa, flores de lis y una rama con tres hojas de arce, es lo que ahora llama su atención en la sala de espera. Se desplaza con sus zapatos de plataformas altas, lentamente, mientras admira el símbolo en su conjunto, a pasos cortos y elegantes, carpeta de papeles bajo el brazo, hasta volver a tomar asiento a mi lado.

Cruza las piernas con elegancia y me mira con la cabeza un poco ladeada, cómplice.

—Ese momento —me dice en voz muy baja.

—¿Cuál? —respondo curioso.

—La primera vez que estuvieron juntos..., el momento de la concepción. Y después, cuando Nicole tuvo que decírselo a él, a Camil, y días más tarde a Cécile. El problemón, el internamiento y lo que pasó ... —dice ella, agolpando las frases, ansiosa.

—Para eso vamos a Montreal, a averiguar todo en detalle sobre Marie Linda, a ver lo que se puede y no se puede filmar. Tienes que anotar todas esas preguntas, todas las dudas, es parte del proceso —la calmo.

—Y habrá cosas que no se van a saber nunca.

—¿Por ejemplo? —la estimulo a seguir su proceso de catarsis.

—¿Qué motivó esa decisión aquí en Santo Domingo? ¿Por qué buscar en Canadá y no en Argentina, o España? ¿Dónde estaba el problema entre ellos, en su intimidad? ¿Por qué se fue solo y ella no lo acompañó?

—Eso creo que lo pueden responder las personas que participarán en las entrevistas, quizás salga algo, si es que quieren ayudar, o si tienen algún recuerdo, o si no es muy tarde, claro. Han pasado muchos años —le adelanto, al prever lo posible.

Hace una pausa, meditabunda, e insiste:

—Y él, Camil, ¿cómo fue eso del accidente, las circunstancias? ¿Por qué Nicole vivía con una tía y no con sus padres en Montreal? Todo muy extraño —dice con hilillo de voz entrecortado y los ojos húmedos.

No digo nada y ella se sume en otro profundo silencio.

—¿Y ahora en qué piensas? —le pregunto.

—El segundo apellido de mi madre... Callot. Francés. En Montreal hablan en francés, ¿habrá existido alguna conexión? —dice Consuelo, mientras mueve los ojos en derredor y baja la voz, para que la joven pareja que sale del despacho del cónsul, un chico pálido con barba de leñador, junto a una chica de rasgos asiáticos que lleva túnica hindú y la mitad de la cabeza rapada, no escuchen sus dudas.

—Buena pregunta. ¿Quién la podría responder? —la cuestiono.

—No sé... alguna de mis tías, quizás mis primas —contesta ella, al tiempo que golpetea con las uñas sobre la mesa de cristal.

—Eso podría ser interesante. ¿Tu madre te habló en francés alguna vez?

—No, nunca.

—Pues quizás no haya conexión. ¿Quién más podría responder a eso en las entrevistas?

Consuelo pestañea rápido mientras procesa mentalmente las posibilidades, y sin dudar, lanza el nombre del mejor testigo presencial de la época, cincuenta años atrás.

—El doctor Jana, fue con mi papá a Montreal.

—¿El doctor William Jana?, sería un testimonio perfecto, tendría mucho peso.

Consuelo se arregla el pelo y me mira amable.

—Pues sí, con él. Papi no hablaba inglés, y menos francés, así que se fueron juntos desde Cleveland.

—Es imposible saber eso, naturalmente —bromeo sutil, ya que cuando aquello sucedió, Marie Linda todavía no había cumplido un año de nacida.

—Naturalmente —reitera ella, justo en el momento en que sale el cónsul a recibirnos y nos ponemos de pie para estrecharle la mano.

Drummondville,
Canadá, 1967

Nicole Belleville Béliveau, una de las tres hijas de Fernand y Cécile, camina con cuidado por la calle resbalosa, muy abrigada, con botas gruesas y gorro de lana hasta las cejas, una coqueta bufanda rosa enroscada al cuello y las mejillas coloradas por el fuete de las ráfagas invernales.

«No sabría qué decirle si me lo pregunta» —piensa ensimismada e indecisa, en anticipo al encuentro próximo con Camil Boucher Goudreau, el quinto de los ocho hijos del fallecido patriarca Adonías y su esposa Rachel, vuelta a casar con un hombre muy violento e inclinado a la bebida.

Nicole y Camil se conocen desde niños, pues viven en el mismo vecindario y fueron a la misma escuela. Ella llegó al pueblo cuando tenía dos años de edad, a vivir con la hermana de su madre, la tía Lucienne, casada con Emile Beauchemin. Los tíos Lucienne y Emile no pudieron tener hijos, así que al momento en que Cécile estuvo encinta con el complicado embarazo de France, su hermana menor, no hubo otra opción más que enviarla desde Montreal a este pueblo, para que así su madre pudiese pasar la preñez en reposo.

Nicole apenas iba en las vacaciones de verano a la gran ciudad y desde su temprana edad no entendía bien el porqué no podía quedarse en Montreal, con sus verdaderos padres. Sabía que la tía Lucienne era muy voluntariosa, sagaz y fuerte de carácter, pero sobre todo, la había criado como su propia hija, sin dudas. La hija que nunca pudo tener. En más de una ocasión había presenciado discusiones entre ambas hermanas y la tía Lucienne era capaz de darle tres vueltas en un dedo a Cécile y quedarse tan campante. Así que quedaba implícito que su destino era casi el mismo de cualquier chica adoptada, una cuestión de poder y circunstancias. Solo que esta adopción de facto quedaba en familia.

La chica espanta los recuerdos y cruza la calle en la esquina de la gasolinera, se detiene frente al escaparate de la tienda Mademoiselle, frota la escarcha sobre la superficie para dar un mejor vistazo a los maniquíes, se observa en el húmedo cristal y se arregla los largos flequillos rubios. Tiene los labios resecos y cuarteados. Saca un poco de crema protectora para abrillantarlos y se lanza a sí misma una batería de besos con todo el aire sensual que le permiten sus recién cumplidos y poco vividos diecinueve años.

«Es el más guapo de todo Québec y el único que se atrevió a besarme en la escuela, eso debe contar para algo, al menos es valiente... y osado» —cavila, cada vez más inquieta, pues ya alcanza a ver a la distancia el portal donde han quedado en encontrarse. Le mariposea el bajo vientre y le parece que sus rodillas se han convertido en gelatina. Siente los pezones duros bajo el suéter, florecidos, y no exactamente por los ocho grados bajo cero.

Hoy es veinticuatro de febrero, día de santa Adela, pero también día de su cumpleaños, y si su novio se lanza a por ella de una vez por todas, no podría imaginar un mejor regalo.

Calle abajo, Camil, de ojos tristes muy azules, delgado, de baja estatura y con el pelo largo y rubio, acaba de comer algo rápido en Le Mandarin, el restaurant chino en la Rue Bérard, que pertenece a Guy Timmons, patrón que le pone los consumos a cuenta porque estuvo enamorado de su madre Rachel cuando eran más jóvenes. Trabaja de jornalero pues en sus estudios solo llegó hasta el séptimo grado, pasa de un patrón malo a otro peor y gana míseros dólares al caer del cielo las escasas oportunidades de colocarse.

Él la espera en el punto de encuentro, excitado e impaciente, con un cigarrillo pegado a los labios. El chico parece bailar el watusi, hace fintas de boxeo con los puños, empuja los hombros contra la pared de ladrillo y se da golpecitos continuos en la frente con las palmas de las manos para espantar el frío. Lleva de medalla un moretón en el ojo izquierdo que le ha propinado ayer su padrastro, muy mano suelta con las bofetadas y pródigo con los puños, sobre todo cuando se ha tragado unos tintos de más con los colegas en la taberna de la esquina.

«Un puñetazo bien ganado, debí haberlo visto venir dos cuadras antes y quitarme de su camino» —razona el joven de veinte años, con esa lógica torcida del que está acostumbrado a ser abusado.

Como si sus cuerpos y mentes estuviesen imantados, los dos enamorados se descubren a lo lejos y sienten el mismo escalofrío medular que los hace el uno para el otro. Camil se tranquiliza de inmediato y se recuesta con pose de galán en el depósito de cartas que tiene pintarrajeado un grafiti del grupo armado FLQ, el Frente de Liberación de Quebec. Nicole se convierte en un verdadero manojo de nervios incapaz de sostenerle la mirada penetrante que la busca expectante, desnudándola con las pupilas ansiosas.

Se abrazan y se besan, las narices frías y mocosas buscan el calorcillo tenue de las bufandas de lana, temblorosos, deseándose desesperadamente por entre las gruesas capas de abrigo en que están envueltos.

—Hey tú —le susurra al oído Camil.

—Hey —le responde Nicole de igual manera.

Y no hubo más que decir, tomados de la mano desaparecieron detrás del portal, entregándose a la pasión sin mediar más palabras, con la torpeza propia de la novedad y las circunstancias poco cómodas, sin peticiones lamentables ni versos poéticos. Embelesados con la tibieza de sus alientos sincopados, envueltos en las mieles de una pasión flamígera e irreductible, hacen gala de una vasta inexperiencia, ignoran las consecuencias predecibles de conocerse por primera vez detrás de las capas textiles hasta chocar las pieles, hasta perder el rumbo en los humedales propios de un breve instante rítmico, el momento exacto cuando claudican las voluntades, y así de simple, abrir paso al milagro de la vida, un vestigio mutuo que puede durar toda la vida, a partir de dos mitades que se funden.

Drummondville década de 1960.

Adonías Boucher y Rachel Goudreau, padres de Camil, c.1950

Fernand Belleville y Cecile Bélliveau, padres de Nicole, c.1950.

Boda de Cecile y Fernand, Montreal, 1946.

Nicole, con un año de edad, Montreal, 1948.

Nicole en su Primera Comunión, 12 años de edad,
Drummondville, 1959. Debajo, Nicole y su hermana France,
Drummondville, 1961.

Nicole y France, Montreal, 1963.

Camil Boucher Goudreau y padrastro, Drummondville, 1966.

Drummondville,
Canadá, 1967

Camil y Nicole están abrazados mientras los bólidos
de carreras zumban en el aparcamiento del supermercado
Steinberg, quienes inteligentemente promocionan el evento
deportivo desde que abrió la puertas tres años atrás, y que
les sirve para estimular al público asistente a consumir sus
bebidas y refrigerios. Los descapotables con los pilotos
protegidos por barras antivuelco, gafas protectoras y cascos
coloridos, se desplazan a alta velocidad en la competición
amateur. La policía protege la línea de espectadores para
que no se acerquen demasiado a la ruta previamente
marcada y unas barricadas de paja, en realidad poco
propicias para la velocidad a que se desplazan los autos,
intentan servir como deplorables muros de contención.

Nicole hace tiempo que quiere decirle lo que le pasa a
su novio, pero la ansiedad, el interés deportivo de Camil, el
ruido de los motores de alto rendimiento y los tubos de
escape con resonadores se lo impiden.

Ya han hecho el amor una treintena de veces desde
la primera vez, en la parte trasera del auto, en oscuros
zaguanes, en los baños de los bares, en las habitaciones
prestadas de los colegas o donde reclamara el deseo y sin
protegerse adecuadamente.

Camil ha resultado ser un macho alfa que
constantemente solicita atención y es proclive al sexo al
estilo de los conejos, rápido, conciso, preciso y frecuente.
Ella le ama profundamente, a pesar de haber detectado
pronto sus celos excesivos, con ese amor generoso que se
encuentra antes de cumplir los veinte años, sin reparos, sin
pensárselo demasiado ni evaluar el futuro.

Luego de terminar la competencia, pasan por la
farmacia Jean Coutu a comprar unas medicinas para la tía
Lucienne que cada vez está peor de salud. De camino,

cruzan frente a la iglesia de Saint-Frederic, en la rue Brock, que siempre llama la atención de Nicole, no solo por su arquitectura neo-gótica, los ventanales ojivales y las estatuas del afamado y virtuoso escultor Louis Jobin, sino también por el órgano de tubos hecho por los hermanos Casavant y hermosamente ornado en derredor con madera de roble tallada. El sonido de aquel instrumento de pedal, clavijas y viento, mandado a construir en 1931 por el cura canónigo Georges Mélançon, siempre lleva la mente de Nicole a imaginar planicies boscosas con mucho cielo y contraste otoñal. Quizás lo que hubiera sido el propio Drummondville al ser fundado en el 1815 por el mayor general Frederick George Heriot, y nombrada esta franja espaciosa que corcovea a la par con la ribera sinuosa del río Saint-François, en honor al teniente gobernador del Alto Canadá, Sir Gordon Drummond.

Ambos se sienten muy de esta ciudad, son muy regonalistas, y ven desde lejos, con tímida simpatía, el trabajo separatista del Frente de Liberación de Quebec (FLQ); Nicole, además, destila un cierto grado de romanticismo natural al exhibir una sensibilidad especial por la música y los filmes.

La espinita secreta le clavetea en las sienes a Nicole mientras le da a beber la medicina a la tía Lucienne, postrada en su cama ya hace dos meses y cada vez más consumida por la enfermedad.

—¿Vas al cine? —le pregunta la anciana con mirada amorosa. La piel en las mejillas, en las manos huesudas y el cuello, está tan flácida que parece desprenderse de los huesos y da a su aspecto una palidez espectral. —¿Qué vas a ver? —insiste la anciana.

—Una del futuro —responde Nicole, armada de paciencia y profundamente triste.

—Ah. Luego me la cuentas y así me duermo contenta. No llegues tarde, hijita.

—Llegaré temprano, no te preocupes —asegura Nicole, mientras le acomoda la cabeza a Lucille de manera que quede casi sentada en la cama, en caso de que tosa o le ataquen las convulsiones que parecen acelerarse en las noches.

Después de dejar la habitación a media luz y a la enferma relajada por el efecto casi inmediato del medicamento, salen a la calle en dirección al cinema Capitol. Durante el trayecto Nicole busca la mano de Camil y la aprieta con fuerza.

Él se da cuenta de que ella está agobiada y asume que es por el estado de salud de la tía Lucille, así que le suelta la mano y en vez la abraza y le da un beso que parece tranquilizarla un poco.

Ya dentro de la sala de cine, a pesar de encontrar en extremo impactante la película de François Truffaut, "Farenheit 451", basada en una historia de Ray Bradbury y con Julie Christie y Oskar Werner de estrellas, Nicole no puede concentrarse lo suficiente como para degustarla como merece. Sabe ya de antemano que tendrá que volver a verla luego. Mira de reojo el perfil de Camil, hipnotizado por la intensidad y frescura de la historia, completamente inusual y diferente, y ella se embebe en observarle mientras él se come sus palomitas a manos llenas.

Al salir del estreno, Camil no cesa de parlotear sobre la poderosa historia que acaban de ver en pantalla y la compara con la resistencia que llevan a cabo los radicales del FLQ desde el año pasado, hasta que ella no aguanta más y se le cruza al frente decidida, le tapa la boca delicadamente, le observa directo a los ojos y finalmente revela lo que crece en su vientre.

Competencias en aparcamiento de supermercado Steinberg,
Drummondville, c.1967.

Farmacia Jean Coutu, Drummondville, c.1970.

Iglesia de Saint-Frederic, en la rue Brock,
Drummondville. c.1967

Teatro Capitole, Drummondville, c.1965

Drummondville,
Canadá, 1967

Camil, de traje oscuro, camisa blanca y corbata
prestadas, está de pie junto a Nicole, acongojada y llorosa,
acompañada por su madre Cécile, muy seria y preocupada
por el devenir. Los pocos asistentes al funeral de la tía
Lucienne tienen las caras largas y circunspectas, mientras
el cura recita la letanía propia del paso a la vida eterna. Con
cada remojo de agua bendita al féretro, el chico rememora
otra realidad mientras mira de reojo a Nicole. Piensa en la
paternidad, pero también, curiosamente, sus reflexiones
derivan en paralelo, quizás por el rito funerario, hacia la
lucha por la causa independentista que se desarrolla en todo
Quebec y que ocupa hoy la primera plana de todos los
diarios.

Desde el año anterior todos en Drummondville
estaban al tanto de lo que se movía con el movimiento
separatista FLQ y sus propósitos combativos. En la huelga
del 1966 llevada a cabo en la textilera Dominion, junto a
otros cinco mil obreros en huelga, habían presenciado las
protestas callejeras y estaban al tanto del sabotaje a la
planta. La bomba del veintidós de mayo había remecido los
cimientos de la sólida estructura de cinco pisos plagada de
ventanales que representaba el monopolio industrial de
Domtex y afortunadamente no hubo víctimas, pero cumplió
su cometido como llamada de atención popular y
desestabilización del proceso normal de la producción. A
ello le siguieron las protestas sucesivas y los grafitis del FLQ
en las cajuelas metálicas de correos localizadas en las
esquinas, junto a bombas de menor potencia dentro de ellas,
de manera que las autoridades y los políticos tuviesen los
nervios de punta. Una segunda bomba en julio de ese mismo
año, en la Domtex de Saint-Henri en Montreal, acabó con la
vida de Jean Corbo, a quien Camil había visto y conversado

alguna vez en un bar de la ciudad. Desde aquel momento de impulso las cosas se habían complicado, sobre todo cuando fueron apresados veinte afiliados al FLQ, incluyendo a Pierre Vallières y Charles Gagnon en los piquetes frente al edificio de las Naciones Unidas en New York. Luego de una huelga de hambre y ser extraditados en enero pasado, los dos piqueteros recibían apoyo del grupo de ayuda de Drummondville, y desde entonces había empezado a gestarse la publicación de los primeros comunicados y artículos de la revista La Victoire, así como la publicación de la "Estrategia Revolucionaria y el Rol de la Vanguardia FLQ", un manifiesto donde se cohesionaban las ideas del grupo revolucionario independentista y el cual Camil había hojeado en una de esas fiestas caseras donde circulaba material incendiario entre los chicos. Lo cierto es que en términos generales le parecía bien la idea de independencia regional, pero al mismo tiempo no se animaba a meterse de manera directa en aquella lucha que hasta cierto punto, y ambiguamente, percibía como ajena a su vida.

Terminada la ceremonia en el cementerio, el día está tan lindo y el momento de separación entre ellos tan inminente, que deciden dar un paseo por la ribera del río mientras Cécile se ocupa de los detalles prácticos con el párroco y luego con la casera de la tía Lucienne.

Sobre la superficie plácida del Saint-François se deslizan los veleros, las familias se mojan los pies en las aguas azules y los chicos juegan en los arenales.

Nicole y Camil se besan con esa intensidad que demanda la ocasión, mezcla de luto triste, escasa esperanza a corto plazo y amor verdadero, profundo e ilusionado.

Bajo la sombra de uno de los árboles que bordean la ribera ella trata de penetrar con la mirada dentro de la mente de Camil, mucho más reservado ahora, más parco, y que parece no darle demasiado importancia a su embarazo, como si la criatura y la separación fuera cosa natural y no un motivo de preocupación.

—¿Por qué no vienes conmigo a Montreal? —le inquiere ella.

—¿Por qué no te quedas tú aquí en Drummondville? —le retorna la pregunta Camil.

—¿De qué viviríamos? ¿Cómo sostenemos al bebé? No tenemos trabajo ninguno de los dos. Yo ni siquiera he cumplido el año con los estudios de enfermería. En Montreal, que es más grande, podrías conseguir algo...

Camil medita un rato, la atrae hacia sí y coloca su barbilla sobre la cabellera rubia de su amada, hasta que finalmente dice:

—Todo se resolverá. Necesito tiempo.

—¿Cuánto tiempo? Es mi cuarto mes.

—El que haga falta. Sabes bien que me ocuparé de ti.

—¿Me amas? —pregunta ella, casi suplicante.

—Sabes que sí, pero... son tantas cosas. Todo esto ha sido tan inesperado, ya veremos que pasa.

Y como discurre el río, en su avance casi imperceptible, ella anhelante y él confundido, caminan lentamente hasta un punto determinado contracorriente, el mismo donde las vidas se tuercen y cada cual desaparece en dirección opuesta, tal vez para reencontrarse, o quizás no.

Club de playa, río Saint-François, Drummondville, c.1967

Montreal,
Canadá, 1967

Nicole llora a lágrima viva en una esquina del sofá bajo la mirada severa de Fernand y la nerviosa tensión que exuda su madre Cécile, muy inquieta con la perspectiva de la llegada de Rachel y su marido.

Cécile conoce el genio infernal del padrastro de Camil, pues los embrollos y escándalos del bellaco son legendarios en en Drummondville y han llegado hasta sus oídos. Pero además conoce bien a su esposo, y sabe de lo que puede ser capaz y es lo que la tiene mortificada. Fernand ama a su hija en demasía, con mucha propiedad, con extrema justeza, pero no permitiría ofensas de nadie que venga a meter las narices en sus asuntos de familia y menos en su propia casa.

Fernand, de cuarenta y ocho años, plomero de profesión, lleva quince años con una escasa pensión por invalidez causada por un accidente de trabajo y nunca estuvo de acuerdo con enviar a Nicole a Drummondville con Lucienne. Pero poco pudo hacer Cécile, en estado avanzado de France y con un diagnóstico clínico de placenta previa a las veinte semanas, que le demandó absoluto reposo en la casa.

Ya había visto a Fernand arrugar el entrecejo con aquella expresión inconfundible de rabia contenida cuando le habían dado la inesperada noticia de que Camil era el novio de Nicole. El hombre se había levantado muy lentamente de la mesa apoyado en el doble bastón, como si llevase una recién adquirida y pesada carga sobre los hombros, decepcionado y algo confuso, incrédulo, por no haberse presentado ante él aquel muchacho, vamos, si es que sus intenciones eran las de honrar, como debe ser, a Nicole.

Por el rabillo del ojo y sin chistar, Cécile le había visto cargar la pipa con picadura de tabaco y limpiar el rifle de caza con mira telescópica que coronaba la pared de su estudio.

Fernand había aceitado el arma y limpiado el cañón con meticulosidad y paciencia, como si esperara la aparición de un alce en la distancia para perforarle el corazón.

En las primeras horas de la tarde, Cécile había atinado a enviar a France y Colette, las dos hermanas de Nicole, a la casa de unas amigas del colegio a estudiar las tareas, de manera que las chicas no mediaran palabra.

Este era un momento poco auspicioso, Lucienne acababa de fallecer hacía apenas unas semanas y Nicole estaba de vuelta en Montreal, con todas las características de una extraña en su propia casa. Sus dos hermanas no estaban acostumbradas a ella, natural, habían crecido separadas desde niñas y ya poco tenían en común las tres.

Cécile no sabía si abrazar con abnegación materna a Nicole o si abofetearla por la imprudencia de manchar su virtud y la de los Belleville-Béliveau, con su imperdonable desliz.

—"Las mujeres llevamos siempre las de perder" —le había dicho Cécile a Nicole la madrugada anterior, cuando ambas habían pasado en vela las martirizantes horas previas al alba, analizando las opciones y perspectivas, para luego disimular el tema a Fernand, al que deciden no enterar del embarazo, solo del romance y la posibilidad de que hubiesen pasado a mayores.

—"... siempre las de perder" —repitió Cécile. Aquellas habían sido las agoreras y cautas palabras de su abuela treinta años atrás, y ahora, muy a su pesar, había tenido que repetirlas a su adorada hija, quizás demasiado tarde. «Pero quién se hubiese imaginado que Nicole, tan mansa y calladita, iba a entregarse antes de comprometerse en casamiento, antes de cumplir los veintiuno y además quedar encinta...», rumia la madre herida, que no cesa de imaginar lo que pudo haber sido evitado. La culpa ahora era compartida entre las dos. Ella, por mantener a su hija alejada por tantos años, por haber obviado los consejos propios de la edad; y Nicole, por haberse aventurado a una travesía sin ponerse el chaleco salvavidas.

Fernand había dicho poco al presentarse ambas en procesión, su mujer y su hija, sus amadas; la una atenazada por la vergüenza ajena, la otra atemorizada y compungida. Las dos magdalenas de pie frente al hombretón que desde hacía tanto tiempo estaba en beneficencia social, un caballero de los que ya no abundan, que se distinguía por su amabilidad y buenas maneras, pero que no dejaba duda de sus firmes convicciones y la capacidad de sobreponerse a cualquier adversidad. Él había adoptado la postura habitual, entrar en un estado virtual de catatonia que le permitía meditar a profundidad las palabras que en algún momento debían ser dichas, pero sin rastro de pasión de momento, sin rabia, en pleno uso del tiempo como bálsamo atenuante.

Las familias de Nicole y Camil eran católicas a ultranza —a excepción del padrastro del chico que tenía una cierta vena de hereje—, eran fieles devotos de misa los domingos y confesión obligada para entrar sin réplica a la fila de la hostia y así purgar los pecados de la semana, de manera que no se acumularan en demasía.

Cécile tenía cierto grado de estima por Rachel, la madre de Camil, pues coincidieron varias veces en los viajes que hizo a casa de Lucienne años atrás.

Rachel y Lucienne, muy devotas, se dedicaban a ayudar en las colectas de ropa usada que se donaban a las órdenes de monjas ursulinas y las del Sagrado Corazón y Perpetua Adoración, Hermanas en Cristo que se especializaban en trabajo caritativo, asistencia en hospitales y orfanatos, trabajo en las escuelas y cuidados especiales en las casas de madres solteras y los centros de adopción.

Imaginaba la preocupación que tendría ahora la pobre Rachel con este desaguisado de los chicos, y más aún, con la posible amenaza de caerle encima la ira antológica que precedía a su marido, mezcla, a partes iguales, de corsario y bestia salvaje.

Rachel le había confesado a Lucienne y a Cécile, en más de una ocasión, entre tazas de té y biscuits, su intención de huir lejos de aquel ser cavernario; pero un miedo paralizante, alguna vocación de mártir y el sentido aguzado de la virtud, acompasado con el deber de cuidar y alimentar a duras penas siete hijos, la detenían en seco cada vez que acariciaba la idea de desertar de su lazo conyugal. Aunque —y así también fue revelado por Rachel—, abrigaba la esperanza de que al crecer los chicos, pudiese separarse de una vez por todas de aquel hombre que había pasado de ser un galán enamorado al principio de la relación, a un desconsiderado patán de taberna.

Los sollozos de la compungida Nicole acompañan la faena de Cécile, empeñada en poner a punto la bandeja del té y las copas de brandy sobre el paño bordado, para dar buena impresión a los invitados obligados a participar en una conversación sin dudas ineludible y que se anticipaba tormentosa.

La invitación la había cursado de manera formal Fernand, por la vía telefónica, apenas cruzó cuatro frases y dejó claro que aquello era una cuestión que competía a las dos familias.

Cuando tocan a la puerta, las miradas de los tres se buscan, y Fernand, parsimonioso desde su butaca, respira profundo a la vez que hace una seña leve a Cécile para que reciba la visita. Nicole levanta instintivamente las piernas y las abraza contra sí misma, a modo de escudo.

Padres y tía de Cecile Béliveau (de pie con 2 años),
Montreal, c.1920

Patriarca Hercule Béliveau y familia, Montreal, c.1918

A LA DOUCE MEMOIRE DE

Hercule Béliveau

époux de

Virginie Bergeron

décédé à St-Simon de Drummond.
le 21 novembre 1952
à l'âge de 76 ans

R. I. P.

Patriarca Hercule Béliveau

Nicole y France, Montreal, c.1950

Camil y hermanos, Drummondville, c.1950

Cecile, madre de Nicole, Montreal, c.1957

Cecile y Fernand, recién casados, Montreal, c.1946

Fernand Béliveau, Montreal, c.1967

El mes de junio de 1967 se antojaba caluroso para los habitantes de Montreal y fue cuando Nicole ingresó a "La crèche de la Miséricorde", con su embarazo de casi cinco meses, acompañada por Cécile.

El "pesebre", a cargo de las Hermanas de la Misericordia, piadosas y a la vez severas monjas católicas, eran quienes recibían a las niñas y madres solteras en la casa y hospital de maternidad a través de la entrada localizada en el número 850 de la calle Dorchester o Rue René Lévesque. En este lugar habían nacido más de ciento cincuenta mil niños durante sus años de operación, y las futuras madres eran acogidas en el tercer piso del enorme y vetusto edificio con dos alas simétricas que semejaban los tocados de las propias monjas y que flanqueaban una estructura central de capitel construida en el siglo diecinueve.

Cécile y Nicole fueron recibidas por el rostro adusto de la hermana administradora, quien por la costumbre de años al tratar casos similares, todos tristes, les explicó las condiciones de ingreso, sin cuestionar más que la fe católica de ambas. El asunto era simple, Nicole debía quedarse en la residencia durante el proceso de preñez, para así cumplir con las reglas de moral que torturaban a las familias en estos casos. Una vez dada a luz a la criatura, debía decidir si quería firmar un descargo a favor de la casa de maternidad, donde se encargarían de colocarla con una familia católica, apostólica y romana que quisiera y pudiera sostenerla. Una vez firmado el documento, Nicole no tendría ningún contacto ni reclamos, pero sí la seguridad de que crecería con mejores oportunidades que con ellos y sin el incómodo estigma de haber sido concebida fuera del sagrado vínculo del matrimonio por la iglesia.

Empujada por Cécile, perdida en un mar de dudas e insegura con su futuro, la chica aceptó el ingreso, que incluía el hacer trabajo de limpieza y cuidado de otros recién nacidos, tareas que por su vocación de enfermera hasta cierto punto le placían.

Con una pequeña maleta a sus pies y las manos en el vientre que ya empezaba a notarse, dijo adiós a su madre que se fue calle abajo sin mirar atrás, avergonzada por la mirada inquisidora de la hermana administradora.

Fue dirigida hasta el dormitorio común por la candorosa y regordeta hermana Babette, un pabellón húmedo y espartano, de paredes descascaradas, escasamente decorado con crucifijos de madera colgados sobre cada una de las cabeceras de las camas con bastidor de hierro colado pintado de blanco, donde una veintena de chicas en similar situación la recibieron con ojos solidarios y la ayudaron a acomodar sus escasas pertenencias.

Camil la iba a visitar desde Drummondville los fines de semana, fiel a su promesa, pero en extremo taciturno y bajo la vigilancia estrecha de las hermanas de turno, lo cual impedía de raíz los malos pensamientos y la tentación de la carne. Poco o nada le sacaba Nicole, pues el muchacho se había convertido en una ostra, atenazado por una mezcla de retraimiento y culpa.

—¿Cómo has estado? ¿Qué has hecho durante la semana? ¿Has conseguido trabajo? —hurgaba ella, inquieta y plagada de dudas, incluso algo celosa, pues conoce el apetito de su novio por los placeres que tan generosamente había cedido cada vez que la acariciaba sobre el cuello con ojillos de diablo seductor.

—Bien; nada..., no... —eran las escuetas respuestas del chico, que dejaban en Nicole amplias lagunas y profundo recelo.

La hermana de guardia, con el oído atento y la mirada recia, cual periscopio por sobre las páginas del devocionario, no ayudaba en nada a atenuar la incomodidad de aquellos momentos y el virtual mutismo de Camil.

El pasar de los meses no hizo sino agravar la brecha

entre ellos, la distancia enfrió un tanto sus corazones impotentes ante la certeza cada vez más próxima. Nicole se refugiaba en ayudar a las compañeras de circunstancias con los recién nacidos y a las nuevas chicas que ingresaban. Aprendió más en aquellas prácticas que en todo el primer año del curso de enfermería que había tomado en Drummondville. Combatió a la par con las hermanas los padecimientos más comunes que plagaban a los críos: neumonías, bronquitis, asma, colitis, diarreas, difteria y sabía pasarse las noches en vela a cargo de administrar dosis y calmar con palabras gentiles a las jóvenes madres inquietas.

Y así, hasta que una noche a las dos de la madrugada del veintitrés de noviembre del 1967, a las treinta y siete semanas de gestación, le tocó el turno que los procesos biológicos demandan y Nicole sintió el calorcillo del líquido amniótico fluir por su entrepierna mientras soñaba que nadaba desnuda en las aguas oscuras del río Saint-François. El pinchazo en el bajo vientre remató su despertar y se convirtió en un aullido más de dolor, de los que abundaban en el pabellón común, un día sí y otro también.

El alumbramiento fue rápido, apenas cincuenta y tres minutos después del primer susto, por vía natural y en medio de resuellos, juramentos censurados y más de un ¡perdóname Dios mío!, dando paso luego a la nalgada y el gritillo agudo de la pequeñita que por derecho de sangre debía llamarse Marie Linda Boucher Belleville. Así, una bebé con hermosos ojos azules heredados de Camil, diecinueve pulgadas y media de tamaño, cinco libras y diez onzas de peso, respiró agitada por primera vez el aire aséptico con aroma a tintura de yodo del quirófano.

Lágrimas ambiguas de felicidad y pesar, el sentirse otra vez ligera de cuerpo al tiempo que con los senos henchidos, junto a un imprevisto y lacerante sentimiento de incertidumbre, acompañaron a mi madre en aquel primer paso donde me otorgaba la vida.

"La crèche de la Miséricorde", 850 Rue Dorchester,
entrada frontal, c.1967

"La crèche de la Miséricorde", 850 Rue Dorchester

Catedral de Notre-Dame, Montreal, c.1967

AZUL COBALTO

Ojos que ven, corazón que siente.

Las ventanas del alma, si azules, imitan el cielo. En 1816, John Varley, acuarelista y astrólogo quien hubo de trabajar con el poeta y pintor William Blake en el siglo XVII en el libro de dibujos "Cabezas visionarias", describía el azul cobalto en su "Lista de colores", como el perfecto sustituto del azul ultramarino para imitar el firmamento diurno, por su extraordinaria brillantez y capacidad de contraste.

Así Consuelo, muy despacio, abre el tubo de pintura acrílica y como un eco a su propia mirada, a golpes de espátula, agrede el lienzo impoluto, convierte su historia de niña a mujer en un rastro de pigmento cerúleo, donde todo lo que prosigue al milagro ignoto del nacimiento, es el origen de su derivar. Y de aquí en adelante, tal cual visto por sus propios ojos, desde el candor y la inocencia hasta los descubrimientos sucesivos, los desengaños, primero las muertes y luego las ausencias, a la par que sus gritillos de felicidad, todo mezclado, todo embardunado en esencias del útero terrestre, la forja de su conciencia da comienzo.

Nicole, justo el día antes de Navidad de 1967 y bajo las sutiles artes de convencimiento de la hermana administradora que contaba con la perfecta complicidad de Cécile, cedió a las presiones de la familia y la casa de maternidad. Con las defensas en el suelo, sin ver a Camil desde hacía varias semanas y conmigo aquejada por una tos constante, aceptó firmar estoicamente el consentimiento que iniciaba el implacable y complejo proceso de adopción.

La declaración de orfandad por parte de las madres solteras conllevaba un protocolo eclesiástico y un procedimiento legal, a la vez que un sofisticado enmascaramiento, bien diseñado para que los padres biológicos perdiesen el rastro de la criatura y así evitar arrepentimientos molestos, que podrían irrumpir la vida normal de los bebés en su recién estrenado hábitat y bajo una nueva identidad. O bien, impedir posibles demandas judiciales futuras a los padres adoptivos por cualquier subterfugio, persecuciones fruto del cargo de conciencia, o incluso extorsiones, durante el curso de su nueva vida.

Una petición de adopción iniciada desde el capítulo dominicano de la Cruz Roja Internacional a favor de una pareja católica dominicana llegó a principios del año 1968 a las manos de la hermana administradora de la "Crèche de la Miséricorde" por vía de la parroquia de Notre-Dame en Montreal. La opción de los padres adoptivos cumplía con todos los requisitos de fe, posición social relativamente acomodada de la familia, capacidad de cumplir con los trámites en cuestión y sobre todo la conveniente distancia geográfica. Las probabilidades de contacto de los padres biológicos con los padres adoptivos se minimizaban notablemente en virtud de su residencia en una lejana isla del Caribe.

Desde el punto de vista eclesiástico era mandatorio que yo fuera católica a través del rito del bautismo, lo cual me fue administrado en la práctica al mes de nacida debido al tema de la alta tasa de mortalidad infantil en los "pesebres"; sin embargo, para fines de iniciar el proceso de ocultamiento, la fecha de remojo en la pila bautismal sería cambiada en los documentos oficiales al entregarme a mis padres adoptivos. Para ello se requería la firma de un sacerdote en las actas especiales, y el escogido, fue el padre Fernand Lecavalier Pepin, de la orden de los Oblates de María Inmaculada.

En los registros de la parroquia, oficializados por el Despacho de Protonotaría de la Provincia de Quebec, Distrito de Montreal, aparece correctamente el año 1967 en el extracto de acta manuscrita de mi nacimiento, sin embargo, enseguida se suceden los entramados y divorcios con la realidad.

El nombre con tinte francófono de Marie Linda, que fue la voluntad de mi madre, desaparece en un cúmulo de papeles sepultados en el "pesebre" y se sustituye por el nombre castellano decidido por mis padres adoptivos. Se simula un bautizo en papeles donde todo es una falacia, y por lo cual los involucrados, en buena lid, habrían de remitirse al acto de confesión, contrición y penitencia para el perdón de sus pecados, puesto que el quinto y el noveno mandamiento se rompían de manera tácita en el proceso. Ni honraría ya más a mi padre y a mi madre, además de recurrirse a cinco imprecisiones esenciales, mentiras sin dudas piadosas y absolutamente legales, en el intento.

Se extrae de la imaginación pues, un hermoso documento en el que Marie Linda se convierte en la sombra de quien he sido hasta hace pocos años: Consuelo Elena del Corazón de Jesús, hija de Jacobo Majluta Azar (primera invención), de profesión Auditor, y de Ana Elisa Aurora Villanueva Callot de la parroquia de Notre-Dame (segunda invención), nacida el veintitrés de noviembre de 1967, bautizada el dos de julio de 1968 (tercera invención), son sus padrinos presentes, Miguel Freddy Majluta Azar, de profesión Contador Público, mi tío (cuarta invención) y Sonia Villanueva Sued, estudiante, de Santiago de los Caballeros, República Dominicana, mi prima (quinta invención). Todo ello con sello estampado de cinco dólares canadienses para pagar el registro provincial y los gastos del Palacio de Justicia y la Corte Superior de Quebec.

La maraña de fechas subsecuentes no hace más que complicar la posibilidad de rastrear la adopción.

Desde el registro base de 1967, se hace la primera notarización en extracto, quince años después de mi nacimiento, el veintidós de abril de 1982. Fecha del consentimiento de adopción: 28 de julio de 1968 (cambiado del veintitrés de diciembre de 1967). Fecha de entrega a familia adoptiva: once de septiembre de 1968. Fecha de la adopción legal: cinco de mayo de 1969.

Y se complica aún más el tema de las fechas con mis registros médicos. Al nacer en condiciones de hacinamiento infantil colectivo y en el momento en que las criaturas son más propensas a las enfermedades por no haber desarrollado aún anticuerpos, fui ingresada en el Hospital de la Misericordia, adyacente a la Casa de Maternidad. A los dos meses padecí bronquitis; en marzo gastroenteritis, junto a una severa otitis mal curada que me produce sordera parcial por el resto de la vida; recurrencia de gastroenteritis en abril y en mayo; además sufro la piquiña de la rubeola cuando cumplí los cinco meses. Es obvio, por el registro de vacunas, que fui preparada para el viaje con mi padre adoptivo por vía de Estados Unidos, donde iban a requerir las inoculaciones. Entre julio y septiembre me inmunizan, ya bautizada oficialmente como Consuelo Elena del Corazón de Jesús, contra la difteria, la tosferina, el tétano, la poliomielitis, el sarampión, la rubeola y la viruela.

Para la iglesia, el procedimiento de amparo aún no significaba una fórmula para incrementar los ingresos parroquiales, puesto que la ayuda gubernamental no se produciría hasta años después, en la década de los años setenta, y la obra caritativa de ayuda a madres jóvenes en pecado e inadecuadas para solventar la vida de sus crías no eran compensadas por vía del proceso de adopción. Canadá y la Iglesia Católica eran socios de facto en la piadosa búsqueda de mejorar las vidas de los neonatos y eliminar la vergonzante carga moral de las familias involucradas. En la provincia de Quebec, en aquel momento y desde hacía más de medio siglo, el tema de entregar niños en desventaja social no presentaba la complejidad de otros países y se veía además como una fórmula adecuada para esparcir la fe, la caridad humana y la buena voluntad entre los fieles devotos.

Ya al once de septiembre de 1968, fecha en que me distanciaba de mi lugar de origen, Nicole y Camil había reanudado su relación de noviazgo. Ella, con el instinto maternal a flor de piel, pasaba de vez en vez por la "Crèche", muy compungida, a cuestionar a la hermana Babette sobre las perspectivas de su Marie Linda, solo para encontrarse de frente con un muro de silencio, atado con firmeza al voto de obediencia que demanda el Vaticano a sus congregaciones.

—Algo, por favor, cualquier cosa, dígame si estará bien... —imploraba ella.

—Busca la paz en Dios nuestro Señor. Encuentra marido y trata de rehacer tu vida, hija mía —recibía por respuesta, al tiempo que delicadamente le cerraban la puerta en las narices.

PARISH . . .NOTRE-DAME,, ...

. . . . . . .146 ouest, Notre-Dame, ...

. . . . . . .MONTREAL, Qué, ...

CERTIFICATE OF BIRTH AND BAPTISM

The undersigned certifies that, as recorded in the birth and baptism registers of this parish,

CONSUELO ELENA DEL CORAZON DE JESUS MAJLUTA VILLANUEVA
(all given names, then family name)

son (daughter) of ___JACOBO MAJLUTA AZAR, Auditor___

and of ___ANA ELISA AURORA VILLANUEVA CALLOT___

of ___NOTRE-DAME___ parish, ___MONTREAL___, Quebec, Canada
(municipality)

was born in ___MONTREAL, Quebec, Canada___
(municipality, province, country)

on ___the twenty-third of November___ nineteen hundred and ___sixty-seven___
(write in full — no figures) *(write in full — no figures)*

and was baptized on ___the second of July___ nineteen hundred and ___sixty-eight___
(write in full — no figures) *(write in full — no figures)*

according to the rite of the Roman Catholic Church.

The godfather was MIGUEL FREDDY MAJLUTA AZAR, Public Accountant, of Santo Domingo, D.R.
uncle of the child,

The godmother was SONIA ALTAGRACIA VILLANUEVA SUED, Student, of Santiago, D.R., Cousin of
the child.

The minister of baptism was ___F. PEPIN, Ptre O.M.I.___

Was confirmed	Was married to /////////////
on /////////////////////19//	on /////////////////////19//
(date)	*(date)*
at /////////////////////	at /////////////////////
(parish)	*(parish)*
in /////////////////////	in /////////////////////
(municipality, province, country)	*(municipality, province, country)*

OTHER NOTATIONS ON OTHER SIDE ☐

Date ___May 31rst, 1969___

The Pastor *Fernand Lecavalier pm*

SEAL

by .... priest

Certificados oficiales de Consuelo Elena del Corazón
de Jesús Majluta Villanueva

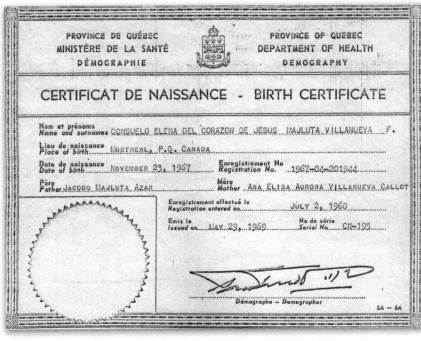

Certificados oficiales de Consuelo Elena del Corazón
de Jesús Majluta Villanueva

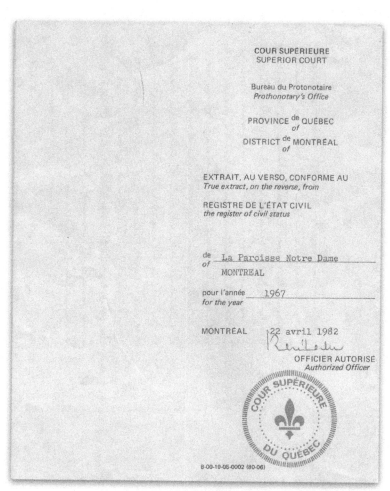

COUR SUPÉRIEURE
SUPERIOR COURT

Bureau du Protonotaire
Prothonotary's Office

PROVINCE ^{de} QUÉBEC
of

DISTRICT ^{de} MONTRÉAL
of

EXTRAIT, AU VERSO, CONFORME AU
True extract, on the reverse, from

REGISTRE DE L'ÉTAT CIVIL
the register of civil status

de La Paroisse Notre Dame
of
     MONTRÉAL

pour l'année   1967
for the year

MONTRÉAL   22 avril 1982

OFFICIER AUTORISÉ
Authorized Officer

B-00-19-05-0002 (80-06)

Certificados oficiales de Consuelo Elena del Corazón
de Jesús Majluta Villanueva

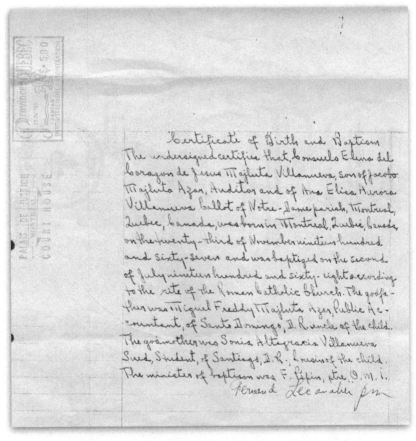

Certificate of Birth and Baptism

The undersigned certifies that Consuelo Elena del Corazon de Jesus Majluta Villanueva, son of Jacobo Majluta Azar, Auditor and of Ana Elisa Aurora Villanueva, ballot of Notre-Dame parish, Montreal, Quebec, Canada, was born in Montreal, Quebec, Canada, on the twenty-third of November nineteen hundred and sixty-seven and was baptized on the second of July nineteen hundred and sixty-eight according to the rite of the Roman Catholic Church. The godfather was Miguel Freddy Majluta Azar, Public Accountant, of Santo Domingo, D. R. uncle of the child. The godmother was Sonia Altagracia Villanueva Sued, Student, of Santiago, D. R., cousin of the child. The minister of baptism was F. Pépin, ptre, O. M. I.

Fernand Lecavalier ptre

Certificados oficiales de Consuelo Elena del Corazón
de Jesús Majluta Villanueva

Jacobo Majluta Esgallar y Marta Elena Azar Azar, mis abuelos adoptivos, se conocieron, valga la múltiple redundancia, por veleidades del azar. Ella había llegado muy jovencita a la isla en 1926, con catorce años y del brazo de Michael Jarp, en una de esas migraciones de libaneses a principios del siglo pasado, que venían en búsqueda de oportunidades a una América mítica y pródiga, rica en historias de prosperidad para las etnias de un Oriente Medio siempre convulso y una Europa menos generosa que la actual, empobrecida por las guerras intestinas.

La abuela Elena había procreado en Santo Domingo dos hijos con Michael: Olga y George, pero aquel matrimonio no fue armónico y se deshizo. Jacobo y Elena se conocieron después de la ruptura y tenían ciertas afinidades que databan de sus historias familiares previas en Beirut y Tripoli, cara a la isla de Chipre.

Ambos con vena de comerciantes, armaron codo a codo un pequeño entramado de tiendas sin razón social, donde se vendían novedades, telas, gasas, muselinas, drapeados, adornos, ropa de damas, caballeros y niños, disfraces de cumpleaños, atuendos de carnaval y hasta banderas nacionales; el principal de esos establecimientos estaba localizado en la concurrida Avenida Mella #83, en Ciudad Trujillo (Santo Domingo). Y como la televisión y el servicio de cable en aquellos tiempos era cosa de futuro y en la radio difundían con asiduidad deliciosos boleros románticos, engendraron cinco hijos: Zoraida, Librada (Dada), Jacobo, Freddy y Maritza.

El abuelo Jacobo con el tiempo desarrolló problemas de inestabilidad emocional caracterizado por un comportamiento violento dirigido hacia la abuela Elena. Ello se combinó a la afición por las carreras de caballos en el hipódromo Perla Antillana, y como esto iba en desmedro de los negocios, uno se dedicó con más ahínco a las apuestas menores y ella a su tiendita, a la par que a crecer afanosa a sus hijos en medio de múltiples precariedades. Es por eso que los chicos tuvieron que estudiar y trabajar a la vez, desde temprana edad, viendo de lejos a un amoroso y sensible padre, cada vez más ausente de sus vidas cotidianas.

Así, mi padre adoptivo, Jacobo Majluta Azar, primer varón de la familia nacido en el barrio de Villa Francisca un 9 de octubre de 1934, pasó su niñez a tiro de piedra del Parque Independencia con su madre y hermanos, en una casita estrecha de la calle Pina #34. Entre las muchas cosas que me cuenta mi tío William Jana de él —voz autorizada por haberse conocido ambos muy estrechamente desde niños—, es que además de descollar como deportista juvenil en béisbol, softball y tenis, era poco aplicado en los estudios y solo lo salvaba su memoria recitativa de elefante, claro, a excepción de los números, que para eso sí que era un virtuoso. Terminó los estudios primarios en la Escuela Luisa Ozema Pellerano y los secundarios en el Liceo Cristóbal Colón, recibiéndose como Bachiller en Estudios Comerciales. Luego empezó a laborar desde los quince años en la empresa R. Esteva C. por A. ubicada en la calle El Conde, terminó su grado de Perito Contador en la Escuela Superior en 1954 y su Licenciatura en Finanzas en la Universidad Autónoma de Santo Domingo en 1958.

Con su diploma de Perito en mano fue contador del Monte de Piedad durante dos años, una institución de Crédito Prendario, hasta el 1955. Luego fue Inspector Auditor de la Superintendencia de Bancos durante cuatro años, hasta el 1959.

Por temas que conciernen al destino y gracias a los buenos oficios de su profesor de economía en la Escuela de Peritos Contadores, el boricua don Pedro Miguel Caratini, quien hizo a su favor gestiones laborales, al poco tiempo le llamaron a la ciudad de Puerto Plata para trabajar como Auditor, y poco después es ascendido a Administrador

General de la Chocolatera Industrial, C. por A. —antigua Chocolatera Sánchez—, donde labora hasta el 1963.

Don Pedro Miguel es un personaje digno de mención, nacido en 1880 en la ciudad de Coamo, en la vecina isla de Puerto Rico. Había trabajado como contador en las aduanas norteamericanas durante la primera invasión de Estados Unidos en 1916, pero también fue un gran jugador de béisbol y miembro de los pabellones de la Fama, dominicano y puertorriqueño, de ese deporte, como uno de los mejores torpederos y receptores de campo corto. Aquel hombre singular le tomó cariño a mi padre, con quien compartía afinidades, y le ayudó a conseguir uno de sus primeros buenos trabajos, de los muchos que luego tuvo.

Gracias a aquella gestión también, mi padre llegó a ser uno de los primeros dominicanos miembros del emporio bursátil New York Cocoa Exchange, antes de cumplir los 30 años; pero más aún, de alguna manera, don Pedro selló mi futuro, pues en aquella ciudad costera es donde Jacobo conoce y se enamora de la que sería su esposa y mi madre adoptiva, Ana Elisa Villanueva Callot, artífice originaria de mi historia.

En la empresa industrializadora de cacao le tocó servir y reportar a un Consejo de Dirección sin capacidad de mando. La empresa estaba a nombre del primogénito del dictador Rafael Trujillo Molina, el también terrible y aborrecido "Ramfis" Rafael Trujillo Martínez, quien le llamaba "turco" de manera sospechosamente despectiva, cosa que tenía que tragarse por las buenas. Así como también, pasar por alto las demandas inapelables de alterar las unidades de pesaje a favor del hermano del dictador, Petán Trujillo; adicionadas a las solicitudes de modificar precios de venta y demás tejemanejes del delfín con sobrenombre operático, que descuadraba así, a gusto y placer impune, los libros contables.

El dictador Trujillo es ajusticiado el 30 de mayo de 1961 y ese mismo año mi padre se integra con fervor patriótico a las filas del Partido Revolucionario Dominicano (PRD) justo cuando regresa el Profesor Juan Bosch a República Dominicana. Mi padre, a instancias del Secretario General del PRD, José Francisco Peña Gómez, asume en ese momento su primer cargo político como Presidente de la Comisión Provincial de Puerto Plata, dentro del partido que había sido conformado el 31 de enero de 1939 en Cuba, en la Villa de El Cano, población localizada en las afueras de la Habana.

Con aquella posición partidaria aventajada y desde aquel enclave costero comienza a militar en el partido a través de la producción de un programa de radio de alcance limitado que orienta sobre el devenir nacional a la población de la zona norte. Un año después, es elevado al cargo de Secretario Nacional de Organización con miras a la Primera Convención Nacional asamblearia del PRD.

Recién sobrepasada la crisis de los misiles en Cuba, el Partido Revolucionario Dominicano gana las elecciones en 1962, durante una coyuntura muy compleja de la historia dominicana y de un mundo fraccionado, en virtual detente, producto de la militarización nuclear y las peligrosas escaramuzas entre las figuras emblemáticas del "oso soviético" y el "águila norteamericana".

Juan Bosch entonces asume funciones presidenciales el 27 de febrero de 1963 y es derrocado siete meses después por un golpe de Estado disfrazado como diferencias irreconciliables entre facciones nacionalistas. El golpe, planeado por la Agencia Central de Inteligencia norteamericana, se circunscribía dentro de la estrategia global de sustitución de regímenes cuyo perfil se apartara de las políticas delineadas en Washington en aquella época turbulenta, la tercera de las cinco etapas de la llamada

"Guerra fría", específicamente la comprendida entre el 1962 y el 1971.

Como Presidente de la Junta Monetaria y Secretario de Estado de Finanzas del Gobierno de Juan Bosch, a la temprana edad de veintiocho años, mi padre asumió de manera enérgica el control estratégico de la endeble economía de un país depauperado, con las arcas del Estado saqueadas y en medio del caos social natural provocado por una cruda resaca post-dictadura.

Junto a las posiciones que demandaban un estricto control de la política monetaria, Jacobo también fue presidente de los consejos de administración del Banco de Reservas de la República Dominicana, de la Corporación de Fomento Industrial y de la Corporación Dominicana de Electricidad. Sin dudas, además de joven, era una persona tesonera de múltiples talentos, con un don cercano al de la ubicuidad y que gozaba de la confianza absoluta del cascarrabias presidente Juan Bosch, quien le cuestionaba sobre la salud de la economía nacional a diario:

—Dígame, ¿cómo amaneció el paciente hoy? —preguntaba el profesor Bosch, a través del teléfono especial que conectaba directamente con el despacho de la Secretaría de Finanzas.

—Todavía tiene signos vitales, señor Presidente, estamos en proceso de reanimarlo por todas las vías posibles —le respondía el joven ministro, utilizando el mismo código clínico de su interlocutor, que si bien parecería jocoso, era en verdad muy grave. El país estaba en quiebra y buscaban desesperadamente alianzas comerciales con países en la lista negra del Departamento de Estado en Washington.

—Cualquier cosa menos dejar de pagar nuestras compromisos —comandaba Bosch, dispuesto a una apertura comercial con regímenes socialistas, que trastocaba los tratados monopólicos negociados con Estados Unidos.

Muy cerca de ellos dos, siempre estuvo otro funcionario público relevante y conocedor de las necesidades del campo, el hacendado y Secretario de Estado de Agricultura, Antonio Guzmán Fernández, quien orbitó en círculos políticos comunes que se estrecharon cada vez más en el tiempo.

Una vez depuesto el gobierno de Bosch el 25 de septiembre de 1963, mi padre fue apresado y deportado a New York, desde donde pasa a Puerto Rico y se conforma en parte integral del comité del Partido Revolucionario Dominicano en el exilio, que proponía la vuelta a los principios constitucionales. En 1964, vuelve a Santo Domingo y se integra a su trabajo político con energía, pero a los diecisiete días de estar en la ciudad capital, el triunviro, Donald Reid Cabral, da órdenes de que le apresen y lo vuelven a deportar a Puerto Rico, donde vuelve a reunirse con otros correligionarios en el exilio. A todo esto, siempre en compañía de mi madre, Ana Elisa, quien le siguió en todos sus pasos, bajo el argumento declarado con mucha gracia, de que: «el turco era demasiado buenmozo y había que cuidarlo».

Otra vez de vuelta a Santo Domingo, luego de terminada la Revolución Civil de 1965 y en el curso del gobierno interino presidido por Héctor García Godoy, se le confiere el cargo de Gerente Financiero del Consejo Estatal de la Azúcar (CEA), al mismo tiempo que era miembro del Comité Ejecutivo Nacional y de la Comisión Política del PRD. De nuevo, el joven financiero hacía galas de su extraordinaria capacidad de ejecutar una multiplicidad de roles concurrentes y relevantes, llevando una vida profesional y personal donde no tenia tiempo para aburrirse y apenas le bastaban unas pocas horas de sueño para emprender las arduas jornadas sucesivas.

En su precoz y agitada existencia como hombre público, siempre pendiente a los turbulentos pormenores y avatares sociopolíticos de la nación, tuvo pocos momentos de paz.

Jacobo Majluta Azar jugando
béisbol (posición 1ra. base),
c.1948

Elena Azar Azar y su hijo Jacobo Majluta,
acto de graduación de bachiller,

Puerto Plata,
República Dominicana, 1960

Ana Elisa Villanueva, mi futura madre, muy hermosa y en pleno vigor a sus casi treinta años, bordeaba el lindero de edad de la época donde empezaban a escasear las propuestas matrimoniales. Estaba en medio de un batallado partido de vóleibol en el Club de Recreo cuando llegó el grupo de chicos a observarlas, entre ellos su hermano Marino, junto a mi futuro padre, Jacobo Majluta. En el momento en que los jóvenes se congregan con el resto de los espectadores, la chica justo anota un punto con un gran salto a la red y un poderoso golpe de brazo. Los gráciles y ágiles movimientos de la estrella del equipo atrapan la atención del recién llegado que se embelesa con su espigada figura y lo comenta a Marino.

—¡Qué bien juega Ana Elisa! —dice Jacobo, reservándose lo mucho que le gustaba.

—¡La mejor del equipo, batuta y constitución! —replica orgulloso su hermano.

Jacobo ya la había apreciado antes en su justa medida y solo una vez habían cruzado miradas, suficiente para dar por entendido que algo de asentimiento había allí en el atisbo fugaz de aquellos ojos profundos, y que más allá de su silueta de gacela altiva, quizás podría llegar a ensancharse el horizonte hasta caber ambos. Le preocupaba un poco, sin embargo, que ella fuese cuatro años de edad mayor que él. La personalidad imponente y su forma de mirar directo a los ojos, típico de las chicas de la región del Cibao, que no acostumbran a bajar la mirada ni a sonrojarse, lo acojonaba un tanto y poco más.

Se quedan durante el resto del partido, y al finalizar, Jacobo insiste en sacarse una foto con el equipo, a lo que todas las chicas aceptan gustosas, pues el joven Majluta, un poco regordete pero de buen porte, sabía como utilizar su don de palabra, su elegancia natural y sus buenas maneras. En la composición fotográfica se las arregla para acomodarse muy tieso al lado de Ana Elisa, sin dudas la más bella, y que lo impresiona tanto como para volverlo una gelatina de nervios.

Ella, nacida un 28 de julio de 1930, es la única hija y prenda preferida de mi futuro abuelo materno, don Fernando Villanueva Astol, una vez síndico de Puerto Plata, a la vez que estrecho colaborador de Francisco Augusto Lora, expresidente de la República y líder del partido Movimiento de Integración Democrática contra la reelección (MIDA), opuesto de manera frontal a la continuidad presidencial del sempiterno doctor Joaquín Balaguer. Don Nando, como le llamaban sus afectos, poseía fincas de ganado, así como extensos campos de caña de azúcar, y era especialista en extraer sus mieles en forma de oro líquido. Mi futura abuela, Consuelo Callot Angulo, la trataba como la princesa de la casa, inculcándole buen juicio, reciedumbre y temple, en una familia de tres hermanos muy briosos: Fernando, Marino y el difunto Oscar, ido a destiempo cuando se ahogó con una funesta semilla de tamarindo alojada en la tráquea, a los ocho años de edad.

Fruto de la holgada posición de los Villanueva-Callot, Ana Elisa, destacada estudiante y presidenta de su clase, había ido ya de vacaciones a New York y conocido otras maravillas fuera de la frontera insular. De allí había traído un cierto glamour, un estilo en extremo refinado, tanto en el peinado, como en el porte, modales y estilos de costura, que distaba mucho del de las chicas pueblerinas y que la hacía destacarse entre las demás damiselas provincianas de la costa norte.

Se sometieron ambos a las propias y protocolares sesiones de cortejo, también conocidas localmente como el sutil y torturante arte de "comer gallina". Con el respeto debido por parte del novio a las chaperonas designadas entre las más serias y el siempre atento y fiscalizador examen de buen comportamiento exigido a rajatabla por doña Consuelo, Ana Elisa y Jacobo se acercaron el uno al otro hasta entender que el matrimonio era una posibilidad muy próxima a la certeza.

Él infatuado con su elegancia, madurez, firmeza de carácter y por la diferencia de edad; y ella encandilada por su don de convencimiento y su fogosidad, a la par que su ternura y jovialidad.

Y así fue, una vez de acuerdo ambos en el plan de pasar la vida juntos, mediado luego el permiso obligado de abuelo Fernando durante el acto de pedimento de mano y resuelto el brindis de rigor, la pareja contrajo nupcias frente al altar coronado por el copón de oro de las hostias el 17 de febrero de 1962. Se dieron por votos válidos los "acepto" y "sí quiero", en una linda y calurosa ceremonia sin objeciones en la ciudad natal de la novia, donde sudaron a mares y se celebró en grande con ron de caña canaria añejado con mucha paciencia en barricas de roble serrado en la Cordillera Central, entre otras tantas exquiseteces dignas del más exigente paladar.

A aquella estampa propia de la época, siguió el ardoroso y estéril esfuerzo mutuo por procrear la siempre anhelada descendencia familiar, veleidosa y elusiva consanguinidad, que a la persistente Ana Elisa, le fue negada por el destino.

Consuelo Callot Angulo (madre de Ana Elisa) y Aurora
Angulo de Callot (abuela de Ana Elisa), Puerto Plata, c.1910

Ana Elisa Villanueva en diversas etapas de su juventud
1945-1956

Benji (amigo sin apellido identificado) y Ana Elisa Villanueva, N.Y.

Ana Elisa Villanueva y Jacobo Majluta Azar junto al equipo
de voleibol, Puerto Plata, 1960

Boda de Ana Elisa y Jacobo, Puerto Plata, 1962.
Foto inferior: Fernando Villanueva Callot, Sonia Villanueva
Sued, Jacobo Majluta, Ana Elisa Villanueva, Fernando Villanueva
Astol, Diego Parra (hermano de padre de Ana Elisa).

Jacobo Majluta y colegas, Chocolatera Industrial CxA,
Puerto Plata, 1980.
(El retrato del dictador Trujillo, omnipresente en
los actos oficiales).

Santo Domingo,
República Dominicana, 1967

Mis futuros padres conversan en la intimidad de la recámara matrimonial, ambos en pijama. Él dando cuenta de un abundante plato de dulce de leche cortada, con cascarita de lima, uvas pasas y canela en rama, rodeado de libros y periódicos, y ella, paciente y tranquilamente limándose las uñas.

La pareja Majluta-Villanueva, que ahora vive en la ciudad capital, ya tiene cinco años de infructuosa búsqueda de retoños, y cada vez con más frecuencia, el tema íntimo y reiterado rondaba en sus conversaciones precisamente a estas horas de descanso: Ana Elisa, a sus treinta y siete años, deseaba fervientemente ser madre y ese deseo los mantenía a los dos en ascuas.

Son un matrimonio con profundas convicciones políticas, ambos miembros del Partido Revolucionario Dominicano desde el 1961, y ella, directiva fundadora de la Rama Femenina de la organización, desde sus inicios.

De su lado de la cama, Jacobo mantiene encendida a un nivel tolerable la radio portátil multibanda Zenith 3000-1 Transoceanic, con dial triple. En Onda Corta suele escuchar las emisoras internacionales latinoamericanas cuando lo asalta el insomnio en la madrugada; en Amplitud Modulada (AM) siempre busca las tres entregas diarias de la eficiente emisora de las noticias calientes, Radio Mil Informando, del compañero de partido Manuel María Pimentel; y en el nuevo servicio de Frecuencia Modulada (FM), con más calidad auditiva, tiene sintonizado los comentarios noticiosos, que se rematan con el comercial de la recién creada Asociación Dominicana de Radio Difusoras (ADORA).

—Pero si las cosas van bien, Jacobo. ¿Por qué no? —cuestiona su esposa, sustrayéndole del placer intenso que provoca el sabor a almíbar en el cielo de la boca, cortesía de la cucharadita repleta con dulce de leche que acaba de degustar con éxtasis de goloso empedernido.

Jacobo lleva puesta su pijama favorito, amarillo con ribetes color marrón en la solapilla, el bolsillo y los puños de las mangas, combinada con los pantalones largos arremangados en el ruedo para darle fresco a las gruesas pantorrillas.

—No sé, es que no estoy seguro. Acabamos de pasar por una revolución civil hace dos años, Ana Elisa. Las cosas no son sencillas. Por suerte, sí, estoy de acuerdo contigo, se puede decir que estamos mejor que mucha gente, aparecen buenos trabajos, pero tú sabes bien que eso es con mucho cabildeo. Se guaya la yuca por lo menos, es verdad, pero esto no es estable, el sector público es pantanoso. Tú mejor que nadie sabes cómo es el asunto, los compromisos, las promesas, quedar en deuda con los amigos y hacer muchos enemigos.

Ana Elisa, en su fino camisón de seda beige con corte de enagua, está boca abajo, cruzada de lado a lado en la cama, a los pies de su marido y con los codos sobre el colchón, sopla el polvillo de las uñas sobre el piso.

—Yo sé, viejo —dice ella, mientras detiene el proceso de limado, se sienta en la cama con un movimiento elegante que no pasa desapercibido a Jacobo y acaricia su brazo para tranquilizarlo. Aprovecha el gesto, y con un movimiento diestro y fluido, le quita el plato de dulce a su marido. Sin decir palabra, lo coloca en el extremo más lejano de la mesita de noche, a su lado de la cama, para evitar que coma en exceso.

Jacobo sigue con ansias el proceso de secuestro y se decide por encender un cigarrillo para abundar un poco más en el tema:

—De la chocolatera, a la Secretaría de Finanzas, de ahí a la presidencia de la Junta Monetaria, de la Junta

Monetaria a la Corporación de Fomento, de ahí al Consejo del Banco de Reservas, después a la Corporación Azucarera...

—Te faltó la Presidencia del Consejo de la Corporación de Electricidad —dice ella, mientras reanuda la faena de limado.

—Ajá, la CDE, después la azucarera, todo eso en nueve años; incluida la muerte de Trujillo, los paleros, un Balaguer "muñequito de papel", el Consejo de Estado, una esperanza democrática que se truncó con el golpe militar al presidente Bosch, un triunvirato, una revolución de por medio, invadidos por cuarenta y dos mil soldados de una caterva de países títeres de la Organización de Estados Americanos, un gobierno provisional... y para colmo, un país quebrado; con Balaguer otra vez, con más fe ahora, más guardias, más inteligencia, más corrupción y super vigilancia desde el pentágono. ¿Te parece eso estabilidad?

—No. Pero estoy dispuesta a hacer cualquier sacrificio por conseguir lo que me pide el corazón y eso me haría la mujer más feliz del mundo.

Él exhala una nube de humo y la mira amoroso:

—Eso sí lo sé.

—Y como yo estoy segura de que tú estás de acuerdo conmigo en este asunto, te lo digo ahora para que no te lo cuenten... —dice ella, misteriosa y mirándole de reojo.

—¿Qué?

—Ya avancé una buena parte con la Cruz Roja Internacional, a través de la organización local. Hay una niña recién nacida, lista para que nos la entreguen... en Canadá.

—¡Cómo! —levanta la voz, sorprendido.

—Te tenía esa sorpresita, tú sabes que yo soy así, me gusta darte las cosas resueltas... o casi solucionadas.

—Pues vaya sorpresita —murmura él entre dientes.

—Hablemos con William en Cleveland —remata Ana Elisa—, él es juicioso y siempre tiene buenas ideas, además es médico, amigo tuyo de verdad desde niños, vive en Estados Unidos... te puede acompañar a buscarla.

—O sea que esta es una encerrona, un golpe de Estado sin anestesia. ¿Y cómo me hago? Bueh... —consiente Jacobo; y luego de una meditada pausa agrega, cariñoso—, pues sí es así señora, yo mismo me la busqué pidiéndole matrimonio. Será como usted quiera entonces, pero con una condición.

Ella le mira con sospecha:

—¿Cuál?

Él señala el platillo sobre la mesa de noche y pone cara tierna.

—Que me des ese poquito de dulce, que me quedé con todas las ganas.

—¡Jacobo, por Dios!

—Ombe...

Ella deja la lima de uñas sobre la mesa, se acomoda y apaga la luz, dando por zanjada la conversación.

En la penumbra, una ultima chupada al cabo del cigarrillo ilumina brevemente su cara sonriente, y luego de depositar los periódicos en el suelo, se acomoda en el lecho matrimonial, sin darse por vencido.

—Ombe...

—¡Jacobo!

Ana Elisa y Jacobo, Santo Domingo, 1967

Santo Domingo,
República Dominicana, 1968

El primero de enero de un año que se antojaba promisorio, el abuelo Jacobo muere. Fue un hombre jovial al que la vida nunca le dio tregua. Con la edad desarrolló una marcada tendencia a la depresión, acompañada por episodios de violencia intrafamiliar injustificada. Las marcas evidentes en su rostro difunto, causadas por los estragos de una siquis atribulada, sintetizaban una carga que ahora dejaba atrás en los minutos finales de su paso terrenal.

Cuentan que cerró los ojos, abrió un poco los labios y derivó a una palidez inmediata, una especie de vuelo de pajarillo manso hacia otro estadio más benigno.

Llegaron los Majluta-Villanueva a toda prisa, aunque demasiado tarde, desde Puerto Plata donde vacacionaban. Ana Elisa aprieta con fuerza la mano de su esposo al entender, sin cuestionamientos, la tristeza y pesadumbre que embarga a Jacobo al ver a su querido padre inerte. Así descubre por primera vez una vulnerabilidad que su marido había mantenido bien escondida.

—¡Se nos fue, carajo! —atinó a decir Jacobo.

—Ya descansó... —replicó ella, mientras apoyaba la cabeza en su hombro.

Se dedicaron a los aprestos funerarios como autómatas, vino el médico legista y escribió el certificado de defunción. En el patio amplio todo estaba en silencio, las fiestas de fin de año apenas discurridas mantenían a la escolta y los alrededores del vecindario en una especie de letargo donde se escuchaba poca cosa.

En medio de una ronda de café y cigarrillos, ya dispuestas las gestiones con la funeraria ubicada en la calle Mercedes esquina calle Polvorín, sonó el teléfono.

Ana Elisa toma la llamada y hace señas a Jacobo para que se acerque:

—Es William, quiere hablar contigo.

Jacobo toma el auricular:

—¿Cómo lo supiste tan rápido? —le dice a Jana.

—¿Qué cosa? —responde el médico desde Cleveland.

—Que se murió el viejo...

—¡Coño! ¡No jodas! ¡Miércoles! No si te llamaba por... ¡Ay Jacobo, mi más sentido pésame, hermano! ¡Oye, te llamo en otro momento!

—No, no, si todo está en calma... ¿Qué me querías decir? —le tranquiliza Jacobo.

—¿Seguro que no quieres que te llame en otro momento? —insiste Jana.

—Que no William, dime.

—Bueno, pues que me llamaron, porque Ana Elisa me puso en la lista de contactos y el asunto ya está resuelto, lo de la adopción. Solamente hay que ir a buscarla.

Jacobo se emociona:

—¡Vaya! ¡Qué buena noticia! ¿Y cómo es la cosa?

—Trae los papeles tú mismo con todas las firmas y te devuelves a Santo Domingo con el paquetico en brazos.

—¡Tú no sabes la alegría que me has dado con esta llamada, William! —dice Jacobo.

Ana Elisa, muy pendiente, se acerca a su marido con cara curiosa.

—¡Un fuerte abrazo, mi hermano, mucha conformidad! —se despide el médico.

—¡Nos vemos pronto, gracias! —Jacobo cierra el teléfono con un atisbo de sonrisa.

—¿Qué dijo William? —pregunta Ana Elisa.

—Está resuelto su pedido a la cigüeña doña, solo que no viene de París sino de Montreal, pero eso ya usted lo sabía.

Ana Elisa se cubre la boca para no gritar de alegría en medio de un momento tan solemne.

—¡Ay Dios mío! —dice entre dientes y los ojos fulgurantes.

Jacobo hace una pausa reflexiva y la abraza.

—La vida nos quita y la vida nos da, una pena que no va a conocer a su abuelito —le susurra Jacobo.

Jacobo, algo nervioso y aquejado por un fuerte virus gripal, vestido con chaqueta y corbata, es recibido con una taza de café humeante de manos de su estimado amigo, mi tío de cariño, el doctor William Jana, quien vivía en Estados Unidos desde el 1963. Sobre la pared de la cocina del apartamento, un calendario con fotos panorámicas de la ciudad de Cleveland tiene los primeros diez días del mes de septiembre tachados en felpa roja, y el año, es 1968.

Ya había nacido yo, en mi primer rol como Marie Linda, y esto es lo que planeaban dos de los protagonistas más importantes de mi vida, cuando apenas tenía unos meses como ciudadana del planeta:

—Un cafecito dominicano, no del aguado que sirven aquí —le ofrece Jana, pasándole la bandeja con azúcar morena y cucharillas— ¿Estás nervioso?

—Si tú vienes conmigo estoy menos nervioso —responde Jacobo—. Es importante que me la revises bien, con ojo clínico. No vaya a ser que venga con algún problema de fábrica importante.

—¿Trajiste los papeles con todas las firmas y sellos? —pregunta Jana—. Tú sabes que este asunto de adopción es nuevo para mí —agrega.

Mi futuro padre abre el portafolio de mano y le pasa un sobre manila a su anfitrión:

—Ahí está el expediente completo. La dirección del centro de maternidad en Montreal, la parroquia de Notre-Dame en la calle 106 oeste, y la dirección del Ministerio de Salud. Por si acaso, aunque dijeron en la Cruz Roja que todo se resuelve donde entregan a la niña. Dale un vistazo a ver si falta algo, que todo el expediente está en inglés del fino y en francés del grueso.

Jana, se ajusta los espejuelos y se alisa el pelo que lleva peinado desde muy atrás para tratar de ocultar la calvicie incipiente. El generoso y brillante médico dominicano, amigo incondicional de infancia de mi padre, estudia con atención los documentos, pone la foto que acompaña el expediente sobre la mesa, observa mi simpática carita recién nacida y declara:

—Bien, ¿entonces las cuestiones de la fe de bautismo y el registro de nacimiento en el Ministerio de Salud, está resuelto?

Jacobo asiente:

—Resuelto el papeleo, confirmaron de la Cruz Roja.

—¿Estás decidido y contento entonces con el asunto del sexo?

—Que sea una muchachita, bueno... feliz, qué te digo, es lo que hay en botica, lo que quiere Ana Elisa y lo que la vida nos regala.

—Así mismo es.

—No sabes lo que yo te agradezco esto, por lo menos tú te defiendes con el idioma —confiesa Jacobo, más sereno —, porque lo que soy yo con ese inglés y ese francés endiablado de los canadienses... un cero a la izquierda. Si por lo menos fuera spanglish como en Nueva York y Puerto Rico, no te digo...

Jana, muy pausado, guarda los documentos uno a uno, de repente se detiene y observa de nuevo muy fijamente la foto donde mis ojos muy azules de Marie Linda parecen hipnotizarle. La muestra a Jacobo, que sonríe orondo, devuelve los documentos a la carpeta, sopla el café y le pega un sorbito cauto:

—Para qué son los amigos, Jacobo, sino para estos momenticos cuando valemos para algo. ¿Cómo va la cosa en la isla? ¿Cómo te va a ti?

Jacobo saca un paquete de cigarrillos, ofrece uno a Jana que rehúsa, enciende con una pitada larga y exhala el humo fragante y característico del tabaco Montecarlo.

—Ya tú ves. Salto de un sitio a otro, atrás de las habichuelas. Desde que salí de la azucarera hace dos años, ahora soy   regidor, además de presidir la Comisión de

Finanzas del Ayuntamiento del Distrito Nacional. Y así, a veces pico algo como auditor externo o como asesor financiero de algunas empresas: Molinos Dominicanos, Caribbean Motors, unas que pagan más que otras.

—En cuestión de números usted es un maestro. Eso no se lo quita nadie —pontifica Jana—. ¿Y la cuestión política?

—Ya tú sabes, por ese lado la cosa sigue recia e impredecible después de la revolución. La deuda externa asciende a doscientos veinte millones de dólares, pero al mismo tiempo la Agencia Interamericana para el Desarrollo, con casi doscientos agentes de reclutamiento, ha repartido casi cien millones de dólares para "reconstruir" el país.

—Vaya poema. Lo bueno es que estás en capacidad de sacar esas cuentas.

—Pues sí. Y así como te digo eso, William, también te digo que Balaguer sigue tesonero en su tarea de desaparecer gente a trocha y mocha con la "Operación Chapeo". Todos los revolucionarios constitucionalistas que no comulguen y toda la nueva generación de izquierda, que son muchos, están en la mira; y ahí, con la ayuda de la CIA y el grupo asesor de inteligencia militar norteamericana, los del MAAG, que vienen directo del pentágono, el hombre acaba con ellos, uno a uno... y a veces en grupo, que le sale más barato, supongo. Todos los disidentes, mucha gente valiosa y con experiencia, muchachos universitarios con futuro, en fin, todo el que huela a ruso, chino o cubano es candidato a ser pasado por las armas.

—Del carajo, eso nada más se ve allá en Quisqueya —se lamenta Jana.

—No creas, eso es cosa del día a día en todo Latinoamérica, no solamente en República Dominicana. Las bandas paramilitares están en todas partes, así como tenemos "La Banda" allá, en Guatemala está la "Mano blanca", en Brasil el "Escuadrón de la muerte", en Haití los "Tonton macoutes", es una guerra declarada desde Washington contra el comunismo.

—¡Ay mi madre! —exclama el médico, agraviado—, por eso estamos aquí en Cleveland, Jacobo, eso allá... es que no hay vida. Pero bueno, de lo que yo si me alegro es de que Ana Elisa y tú hayan tomado esta decisión. Es buena para los dos.

—Ella no cabe de felicidad. Que todo se haya podido arreglar gracias a usted y por lo católico, eso se lo agradeceremos siempre —dice Jacobo.

—Yo sé que la situación clínica de ustedes, quien puede y quien no puede procrear es un tema complicado... y más cuando se está claro que es por la vía materna, pero este paso que acaban de dar les va a cambiar la vida, se lo digo yo.

—¿Tú sabes qué, William?

—¿Qué?

—Yo nací en el mil novecientos treinta y cuatro, y este año, cumplo treinta y cuatro años. ¿No te parece que es un momento auspicioso, especial?

—Muy especial, Jacobo, ciertamente. Es como bajarse una estrellita del cielo, una bendición.

Mi casi padre aplasta el cigarrillo en el cenicero hasta que la mezcla deja de humear y levanta la voz más de lo normal para espantar la sensibilidad a flor de piel, el estremecimiento que le provoca tal certeza:

—¿Entonces, estamos listos para montarnos en ese avión?

Jana se pone de pie y le palmea la espalda efusivamente, pues sabe que a Jacobo lo pone muy nervioso volar.

—¡Vamos arriba!

Montreal,
Canadá, 1968

William Jana conversa con la madre superiora del "pesebre" y con el padre Fernand Lecavalier Pepin, que muy pausado revisa a conciencia los papeles acreditativos de la Cruz Roja con que se autoriza mi entrega a su cuidado. Ya el médico había leído mi expediente de salud y quedaba más que satisfecho con solo ver mi semblante sonrosado y con el gesto de que le lancé los brazos de inmediato para que me cargara él y no la hermana Babette, que olía un poco a queso Roquefort, como todo el antiguo recinto. Tío William, por el contrario, llevaba puesta loción de afeitar Ice Blue de Aqua Velva.

Jacobo se había quedado en el restaurant del hotel Le Reine Elizabeth, en el Boulevard Dorchester, dando cuenta de la abundante variedad de bollería y pasteles cremosos de buen ver que traían los meseros en bandejas multiniveles de plata. En un gesto que desquició al maestro pastelero, se atrevió a pedir un café, pero con azúcar de dieta Sucaryl, la nueva moda en Estados Unidos.

El maître, viendo aquella contradicción que no era más qué un mínimo gesto de contrición después de zamparse una docena de dulces de altísimo contenido calórico, le espetó contrariado, muy a la francesa:

—Monsieur, s'il vous plaît!

A lo cual él presto poca atención pues su cabeza estaba en otra parte. No era aconsejable que Jacobo, en su estado viral, fuese a recibir a una bebé en un centro de cuidados pre y post natales por lo que delegó en William ese delicado paso operativo, más aún al conocer sus limitaciones del idioma.

Las hermanas dieron al Dr. Jana una breve visita de cortesía por las facilidades clínicas y la casa de maternidad de la "Crèche de la Miséricorde", viendo las condiciones generales allí dispuestas. Con los papeles sellados por la curia en la mano, nos despidieron en la puerta con un bolso de pañales de tela, imperdibles color rosa, gotas para la otitis y para los cólicos, fórmula infantil y biberones, para abordar el taxi que nos llevaría al hotel a recoger el equipaje y luego volar los tres a Cleveland. La partida de nacimiento entregada fue una provisional, emitida por el Ministerio de Salud de Quebec y que nos permitiría el paso fronterizo. El certificado oficial todavía tardaría unos meses más para ser remitido a Santo Domingo.

Todo fue muy expedito y al punto, pues ya los buenos oficios de Ana Elisa y la Cruz Roja Dominicana, de antemano se habían encargado de allanar de manera muy eficiente el engorroso tema burocrático eclesiástico y estatal.

En un momento curioso los derroteros políticos de mis padres se cruzaron al desgaire, como uno de esos retruécanos ocurrentes e imposibles de las historias noveladas. William leyó por curiosidad natural los titulares de los diarios locales correspondientes a aquel once de septiembre, donde comentan los recientes ataques conjuntos realizados por el Frente de Liberación de Quebec en Montreal, dirigidos a objetivos civiles, y con el propósito de irrumpir en la vida normal de los habitantes de la región. A Camil le había tocado presenciar uno de ellos, justo el día anterior.

Jana lo comenta y mi nuevo padre dice, medio en serio y medio en broma:

—¡Tú ves lo que te digo! ¡Eso no es solo allá! ¡Aquí también se arman las vainas, pero en francés! ¡Vámonos de aquí rápido no sea que se complique y nosotros con esta muchacha en brazos!

Y nos fuimos al aeropuerto, sin despedirme de Nicole ni de Camil.

Más tarde, mientras esperamos en el mostrador de la línea Air Canada, tío William se encarga de tirarnos fotos con su cámara Leica de carrete. Según él, yo hacía las delicias de mi padre, que se regodeaba conmigo en brazos, y las de todas las azafatas del aeropuerto que no se resistían a pellizcarme las mejillas y de paso hacerles "ojo bonito" a los dos elegantes varones latinos.

Otra cosa fue el despegue del avión y el cambio de presión en la cabina que martirizaba mi oído afectado por la infección. Allí empezó el mundo a conocerme mejor, pues mi carácter se hizo presente en forma de berridos y chillidos mientras duró el vuelo, además de hacer la vida de mi novel padre imposible con el cambio de pañales de algodón en los minúsculos lavabos. El número uno varias veces, número dos en formato líquido y número tres con vómito de fórmula le fue dando al futuro Presidente de la República Dominicana una idea de la magnitud de su decisión y su heroicidad al decidir viajar conmigo; no hasta Cleveland nada más, sino después solos los dos, en su prueba de fuego y también de amor puro, con escala en Miami. Nuestra vecina que venía en el mismo vuelo, la señora Laura Vicini, años después me contó que tuvo que ayudar a mi atribulado padre varias veces en el trayecto, hasta que arribamos en el Aeropuerto Internacional de Punta Caucedo, inaugurado en noviembre de 1959 en las afueras de Santo Domingo, hacía menos de diez años.

Dicen que desde pequeños se nos quedan grabadas situaciones en el subconsciente. Volar siempre me ha dado pavor y es justamente una de las sensaciones menos placenteras que he experimentado durante toda mi vida. Supongo que la otitis y aquella primera travesía aérea en brazos masculinos extraños e inexpertos, pero absolutamente llenos de buena voluntad, tendrá algo que ver con ello. Jacobo también odiaba estar encerrado dentro de las cabinas de los aviones y debe haberlo transmitido doblemente, conmigo de compañía.

Y así como he quedado marcada desde la infancia por la impotencia de quedar encerrada en compartimientos relativamente estrechos durante los desplazamientos en aeronaves, también me queda una aguda sensación olfativa. Los perfumes, las colonias, sus contrapuestos, pero sobre todo la piel de mi padre. Su olor natural era dulce, limpio, aún en los momentos más álgidos y durante las aventuras en medio del fragor de las campañas políticas bajo el inclemente sol caribeño. Aunque estuviese completamente sudado, la fragancia de su piel era extraordinariamente fresca, eso lo recordaré siempre.

Llegar a Cleveland fue mi primera fiesta dominicana en miniatura, fuimos recibidos por María y el pequeño Richard Edward —la esposa y el hijo de William—, que en paz descansen ambos, al compás de unos merenguitos de plato y aguja, junto a abundantes manjares criollos.

A mi padre se le pasó el malestar de la gripe con la alegría de tenerme y se celebró en grande. El pequeño Ricky y yo hicimos las delicias de los mayores y nos mimaron hasta más no poder, al punto que quedé inmediatamente autorizada para despeinar a mi padre tantas veces como quisiera, esa cabellera abundante que tanto cuidaba y que le distinguió hasta el fin de sus días.

La mañana siguiente antes de abordar el vuelo a Santo Domingo, tío William se acerca a mi papá de buen ánimo y le dice en voz baja.

—Una cosa, Jacobo —dice con sonrisa socarrona, al tiempo que acaricia con ternura mi cabecita.

—¿Cuál?

—No es para joderte ahora con el cuento del lechero, pero... ¿Y cómo tú le vas a explicar a la gente en Santo Domingo los cabellos rubios y los ojos azules de este angelito?

Mi padre se queda pensativo un segundo, y a falta de una respuesta razonable a flor de labios, desarmado por la lógica simple, ambos se deshacen en carcajadas.

Consuelo, Jacobo y William Jana, mostrador de Air Canada, Montreal, 1968

William Jana, Ricky Jana, María Jana, Jacobo y Consuelo,
casa del Dr. Jana, Cleveland USA, 1968

Consuelo, casa del Dr. Jana, Cleveland USA, 1968

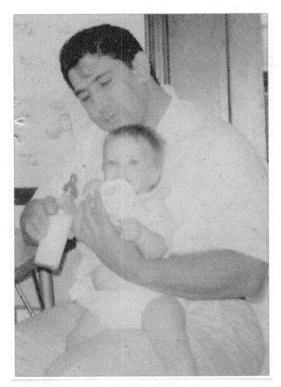

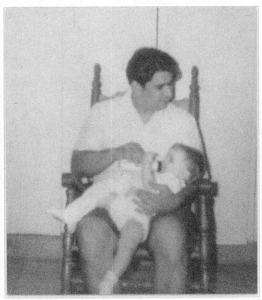

Jacobo y Consuelo, casa del Dr. Jana,
Cleveland USA, 1968

Ana Elisa, Consuelo y Jacobo, Santo Domingo, 1968

Al pie de la escalerilla del avión nos esperaba Ana Elisa, mi nueva madre, con un vestido poco tropical a la moda de los tiempos, jersey blanco mangas largas y cuello de tortuga, ojos bien delineados, discretos aretes colgantes, un toque apenas de pintura labial, el pelo largo recogido en una coleta y en extremo nerviosa.

Me costó un poco desprenderme de los brazos de mi padre, que llevaba chaqueta blazer azul marino salpicada de baba decena de veces, pantalones beige con rastros indescifrables de fórmula infantil y tanto más, y corbata oscura muy fina que durante el viaje pensaba yo que era un simpático e invitante chupete. Él simplemente estaba exhausto y satisfecho con la primera parte de una misión bien cumplida, así que fui a acurrucarme en los brazos ávidos de mi nueva madre, a envolverme en la delicada fragancia vagamente floral que destilaba discretamente su cuello y empezar a percibir un nuevo mundo, muy diferente, cálido y bullanguero.

El trote aquí era diferente, el paso más rápido, los gestos de los brazos más amplios, las expresiones faciales más exageradas, las frases más rápidas e irreconocibles, la velocidad de los autos mucho más vertiginosa, el tono y timbre de las conversaciones más desenfadado y alto que en los vetustos y parcos rincones de la casa de maternidad en la que había pasado casi ocho meses. Y el golpe de calor en la pista de aterrizaje, que aún reflejaba el sol de la tarde sobre el pavimento, combinado al que emanaba de las turbinas recién apagadas, ese calor, ¡Dios!, sin dudas fue una sorpresa.

Contrario a lo que hubiese querido Jacobo, mi madre había preparado un recibimiento clásico de las familias numerosas y muy unidas. Los flashes de las cámaras no se hicieron esperar y me deslumbraban, los pases de brazos como si fuese una muñequita nueva en Navidad, las monerías y los gestos tiernos, las caricias y los besitos, los ronroneos y la barahúnda de mis primitas que se peleaban por tenerme, las caras extrañas pero alegres que aún me costaría un poco reconocer, el jolgorio generalizado; esta sí que era mi primera fiesta en el Caribe.

Y ahora pienso que pasar de un ambiente casi monástico entre educadas monjitas beatas en modo constante de plegaria a toda esta exuberante energía en derredor, debe haberme preparado para el futuro en la isla. Sin dudas que mi pequeño cerebro ralentizado por el frío y largo invierno canadiense debe haber sufrido una descarga de alto voltaje al aterrizar en esta deliciosa barahúnda con sabor a batahola donde todos hablaban al unísono y poco se entendía.

Si bien no estará comprobado que tal experiencia sensorial, causada por factores externos percibidos de golpe a diestra y siniestra, nos puede hacer más o menos inteligentes, estos choques culturales a tan tierna edad sin duda debe hacernos más avispados y listos para enfrentar cualquier situación que se presente.

Lo mismo imagino que hubiese sucedido si hubiese aterrizado en Roma, Grecia o Río de Janeiro. Pero bueno, esto es lo mío y creo que desde poner un pie en esta tierra generosa, compleja, cargada de historia y seres humanos excepcionales, y con la edad perfecta para lograr una total adaptabilidad a corto plazo, me sentí de inmediato acogida, no solo por las expresiones inmediatas de afecto sino por el todo circundante.

Si no hubiese sido así, no hubiese lanzado un largo bostezo, y muy mareada, caído en franco letargo sobre el regazo de mi madre, donde todo aquel torbellino familiar se convirtió en dedos índices sobre los labios y algo parecido a un sueño apacible que duró los cuarenta minutos de viaje costero, con muy poco tráfico, hasta la que sería mi nueva casa.

Esa noche, contó mi madre, que papá no durmió pues temía aplastarme con su cuerpazo y su mal dormir, ya que me pusieron entre ambos.

En aquel recién estrenado hogar, la cosa fue aún más entretenida y alocada, me había convertido de repente en el centro de atracción y de los cuchicheos estratégicos, pues en aquella reunión fue donde se selló el primer pacto de silencio. De ahora en adelante, nadie debía tocar el tema tabú y misterioso de mi repentina aparición en la República Dominicana.

Unos meses después de haber aterrizado en la isla celebramos mi primer cumpleaños y aún la novedad permanecía, todos me veían como la nueva integrante de las familias Majluta y Villanueva, la muñequita de porcelana.

Mi primer año fue bisiesto y auguraba otros tiempos, pues fue declarado Año Internacional de los Derechos Humanos por la Organización de las Naciones Unidas. No era para menos tal declarativa, en la postrimería de una década poco sosegada con mucho de todo, entre ello los primeros trasplantes de corazón; Somoza que asume el poder de manera fraudulenta en Nicaragua; sale a la venta el album blanco de los Beatles; el dominicano Johnny Pacheco y Gennaro "Jerry" Masucci crean la agrupación de las estrellas de Fania; se produce el breve proceso de liberalización política "La Primavera de Praga" en Checoeslovaquia y acontece la cruenta matanza de Mỹ Lai 4 en Vietnam, donde fueron masacrados más de quinientos civiles; asesinan a Martin Luther King y a Robert Kennedy; se suceden agoreras las poco ecológicas pruebas nucleares en suelo norteamericano a la par que se suscribe el Tratado tripartito del Espacio Exterior para evitar ataques nucleares orbitales; Suazilandia, Dominica y Yemen se independizan del Imperio Británico; Rafael Caldera gana las elecciones en Venezuela y se celebran las olimpiadas en México, con dos atletas norteamericanos medallistas levantando los puños a lo Black Power alineados con el grupo de las "Panteras Negras" en la lucha por abolir el desbalance racial en los Estados Unidos.

Independiente de todo lo anterior, en mi burbuja personal dominicana, paso la primera Navidad en la isla, un mes después de cumplir el primer año de vida. El evento queda asentado en fotos como una ocasión de mucha felicidad para mis nuevos padres, y mi rostro, siempre sonriente gracias a los mimos prodigados, lo atestigua. Desde pequeñita y hasta muy entrada en edad, yo dormía entre ambos en la cama matrimonial por lo que podría decirse que mi presencia propiciaba la paz conyugal, tan necesaria entre ellos por tener personalidades tan distintas y ser mi madre como era, mujer de temple, contestataria, celosa y de armas tomar.

Hay algo que me pregunté por años: ¿tendría mi mamá algún tipo de celo hacia mí, por como era mi papa conmigo, tan apegado, tan cariñoso y protectivo, tan delicado y complaciente, ya que no era así con nadie más?

Mi padre era un ser maravilloso que daba la vida por mí, bebía muy poco, apenas unos dedos de Whiskey que le duraban toda la noche, fumaba como un murciélago cientos de cigarrillos —hasta seis cajetillas diarias—; bebía más café que Honoré de Balzac —de quien se dice tomaba unas cincuenta tazas desde que se levantaba hasta que se acostaba— y los íntimos quizás le conocerán muy pocas canas al aire, si es que las hubo, pues a la distancia que procura el tiempo ya todo aquello tiende a desdibujarse y yo no puedo decir, categóricamente, que le conocí infidelidad alguna, aunque por principio no las descarto.

Desde el principio estuvo claro que nunca se quiso que yo participara en la cuestión política, ese tema estaba vedado para mí y se hacían muchos esfuerzos para sustraerme de todo aquel fervor que era parte de la cotidianidad donde quiera que vivimos. Esa intención se cumplió parcialmente, pues era imposible no entender la presencia de los guardaespaldas y las nutridas escoltas, de las armas que siempre hubo por doquier, a la vista y escondidas en closets y gaveteros de doble fondo.

En las cocinas de las amplias casas donde vivimos llegaban constantemente camiones repletos con viandas diversas, abundante carne de pollo, sacos de arroz y víveres en demasía, agua y refrescos de soda, para alimentar al pequeño ejército que cuidaba nuestra integridad física. Yo me ocupaba de contar los platos que se servían, esa era mi tarea diaria.

Tampoco pude sustraerme a las frecuentes llamadas de alarma, a las continuas amenazas donde se mandaba a recoger y esconder a la familia, incluyendo mis tíos y mi abuela paterna. Las veces que dormí sobre una colchoneta dentro de las bañeras, el alejarme de las puertas y las ventanas para evitar los tiros locos, las balas perdidas y sus carambolas de rebote.

Pero para mí, todo aquello apenas era el gustoso sazón de una vida poco convencional donde yo gravitaba como un satélite ultra protegido. Era la niña traviesa, la princesita inquieta a la que siempre había que atender, obedecer y cuidar, desde los tiempos en que nos cuidaban los guardaespaldas del partido, pasando luego por el soldado escolta hasta el oficial al mando, so pena de vientos huracanados, jarabe de pico y pelas de lengua.

Mientras el mundo convulsionaba con aterrante normalidad, yo cumplía dos años y en la isla gobernaba Joaquín Balaguer, en un sistema centralizado de poder que violentaba a diario los derechos humanos. En noviembre de 1969, mientras partían el bizcocho en casa, se formó el "Comité de Madres, Esposas y Familiares de los Muertos y Desaparecidos", quienes denunciaron los asesinatos de más de trescientas cincuenta personas por razones políticas, durante los primeros tres años de aquel régimen militarista.

Balaguer, entre otras vías de financiamiento, recibía apoyo a través de los programas de la Agencia de los Estados Unidos para el Desarrollo Internacional (USAID), quienes se esforzaban en recuperar la destartalada economía local a la vez que se deshacían de los desafectos, siguiendo las directrices del momento por parte del Departamento de Estado norteamericano y en estrecha colaboración con la Agencia Central de Inteligencia (CIA). El USAID fue fundado por John F. Kennedy en 1961 y concebido como un organismo de ayuda hemisférica a países afectados por conflictos intestinos y en vías de desarrollo. El programa estaba maquillado precariamente como un estamento humanitario no militar e independiente, con énfasis en la cooperación económica, sanitaria, agrícola y eficiencia en la administración pública, a través de acuerdos a largo plazo que permitían controlar más estrechamente a las naciones subordinadas.

La vida proseguía su agitado discurrir y mi padre continúa en paralelo su accidentado derivar político, consolidándose cada vez más como una de las jóvenes figuras a tomar en cuenta en el ruedo local. Es candidato a diputado por el Distrito Nacional en el año 1974, pero el PRD se abstiene de ir a elecciones, y en vez, convoca a la ciudadanía y a los militantes a la "Marcha del silencio", una forma de protesta pacífica que hizo meditar a la oposición y apretar las medidas represivas. Además, fue presidente del PRD por dos años, hasta el 1977 y en ese mismo período se le honra como Miembro Ad Vitam del Comité Ejecutivo Nacional (CEN), por sus aportes personales a la causa del partido, incluyendo también aportes financieros para colaborar con la adquisición de la Casa Nacional del PRD.

El seno organizativo del Partido Revolucionario Dominicano donde militaba mi padre se ocupaba concienzudamente, en ese entonces, de delinear las estrategias como fuerza de oposición y lo hacían gran parte del tiempo en la clandestinidad y vigilados estrechamente por los grupos de represión. Ese período funesto, casi un corrido mexicano, llamado: "los doce años de Balaguer", se extendió desde el 1966 hasta el 1978, es decir, hasta que cumplí los diez años y donde aún no registraba a conciencia lo que ocurría a mi alrededor, que es lo mismo que decir, un soberano despelote político y social.

Primer cumpleaños de Consuelo, casa Majluta-Villanueva,
Santo Domingo, 1968

LUIS ARAMBILET

Consuelo y sus primas, Santo Domingo, 1968

Consuelo con sus abuelas adoptivas, materna y paterna,
junto a su prima Sarah Villanueva, 1968-1969

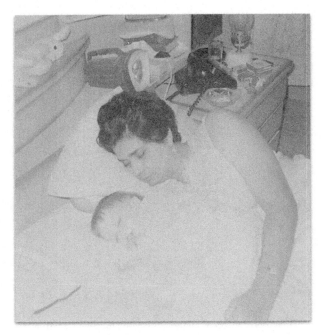

Consuelo y Ana Elisa, 1968

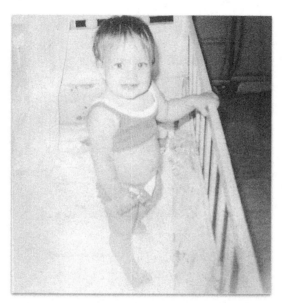

Consuelo, lista para empezar su andadura,
Santo Domingo 1969

Mientras aquello pasaba en Santo Domingo, a tres mil kilómetros de distancia, en Montreal, mis padres biológicos habían vuelto a estar juntos. Camil y Nicole rehicieron sus vidas como compañeros sentimentales, él continuaba con sus trabajos temporales y ella estaba enfocada en sus estudios de enfermería, la cual no ejerció a fin de cuentas, pues desarrolló una marcada aversión a la sangre, lo cual era incompatible con la profesión.

Fueron tiempos duros e inciertos, donde luchaban por sobrevivir en el día a día, y al cabo de casi ocho años desde mi nacimiento, ellos a la vez con ocho años juntos, concibieron a mi hermano Yan Joseph, el dieciocho de septiembre de 1976.

Camil se aficionó a la bebida, cosa que no me sorprende pues el ejemplo dado por su padrastro, el haber salido del seno de un hogar donde la violencia era cosa cotidiana, más los rigores de un futuro incierto, no eran para menos.

Lo que sigue está plagado de versiones, misterio e imprecisiones, ya que los detalles resurgen cuarenta años más tarde, la verdad se ha convertido textualmente en humo y solo una persona, lamentablemente, podría aclararlo: mi padre, Camil.

Nicole y Yan Joseph, con siete meses de nacido, le esperaban en la casa de mi abuela Rachel a que volviese de trabajar, pero Camil, cansado de un día agotador decidió irse a un bar cercano, donde empezó a beber una copa tras de otra mientras escuchaba las canciones de la banda Pink Floyd, programada para presentarse en julio en el estadio olímpico de Montreal. "Money" y "Have a cigar" eras sus piezas favoritas, junto a "Le coeur trop grand pour moi" de Julian Clerc, "Chanson d'amour" de Manhattan Transfer y "La mort d'Ophelie" de Johnny Halliday. Con cada pieza una copa y otra más, al compás de la seguidilla provista por los puñados de maní blando y la conversación que derivaba de una cosa a otra, uno que otro partidario del FLQ, las risotadas, las quejas por la vida y los recuerdos difusos, los policías encubiertos al acecho de la movida de drogas del momento, las chicas alegres y borrachas, sin sostenes e insinuantes, y el tiempo que pasa demasiado lento cuando todo aquello acontece y el hígado ya no procesa igual los tragos sucesivos.

Luego de la larga meada de rigor en el urinal batallado mientras apoya la frente en busca del alivio de la pared fría, Camil sale dando traspiés hasta el patio de aparcamiento, evade a las putas que negocian con los clientes potenciales, dos vejetes que discuten con los puños levantados al tiempo que unos motorizados plagados de tatuajes les animan a sacarse la inquina y se sube a su automóvil.

Nicole aburrida y desde hace rato con ganas de marcharse, brincotea a Yan en sus brazos y le espera impaciente, sin poder comunicarse con Camil, que no le gusta para nada tener que reportarse ni que le controlen.

Como era de esperar, al rato de conducir zigzagueante se detiene en la carretera y devuelve en la vereda lo pagado en bar. Se limpia los labios y la camisa, entra al auto, pesadamente se sienta frente al volante y enciende un cigarrillo. Las luces de los otros vehículos en su misma dirección reportan reflejos molestos en el retrovisor que aparta de su vista con un manotazo torpe. Y aquí lo que se cuenta y que no me convence del todo, Camil se duerme con el cigarrillo entre los dedos –ese maldito vicio que persigue las tragedias en mi vida–, el resto queda muy gris. Unos recuerdan el episodio de una forma: el automóvil aparcado se enciende y se consume en llamas con él dentro. Otros lo recuerdan diferente, asfixiado por monóxido de carbono, causado por una avería en el tubo de escape del coche, mientras dormía la borrachera.

Sea una cosa u otra, es una historia difícil de digerir y que trae lágrimas a mis ojos, un accidente tonto, un ajuste de cuentas arreglado por quién sabe qué oscuros personajes de alguna trama insospechada, un acto premeditado de violencia o por simple decisión divina, lo cierto es que perdí a mi padre en 1977, dos meses antes de cumplir mis diez años y nunca pude conocerlo. ¡Vaya destino!, el suyo y el mío.

Camil Boucher Goudreau, padre de Marie Linda, junto a sus
familiares, Drummondville, 1979

Los ataques frontales, y peor aún, los velados, eran cosa del día a día para mi familia adoptiva hasta el 1978.

Durante mi niñez, y en medio de los peligros de acompañar de manera íntima una carrera política opositora, empecé a aprender aún más sobre el carácter de mis padres. Amorosos y hasta cierto punto permisivos con mi educación y comportamiento, estuve rodeada siempre de mucho calor humano, de mucha comprensión y lo gozaba, o más bien, me aprovechaba de ello. No se me exigía demasiado, se me concedía lo que quisiera, mis mínimos deseos eran órdenes y eso me hizo hasta cierto punto un poco indisciplinada, posesiva y consentida. Esa ausencia de exigencias supongo que venía dada por mi condición adoptiva, por esa sensibilidad del ser humano hacia la condición de orfandad biológica. Probablemente era percibida como una especie de milagro en sus vidas, una bendición del cielo, y como tal, lo merecía todo.

¿Pero qué pasaba a mi alrededor mientras yo jugaba muñecas en la acera, planeaba travesuras en la escuela primaria y me divertía en las deliciosas fiestas infantiles?

En 1970, el partido donde militaba mi padre se abstuvo de participar en lo que se preveía como elecciones arregladas, donde no había garantía alguna y no era de sabios levantar cabeza. Y ocurrió lo pensado, Balaguer siguió en el poder cuatro años más, durante los cuales permitió operar de manera impune a la organización paramilitar llamada popularmente "La banda", o Frente Democrático Anticomunista y Antiterrorista, compuesto por jóvenes de ultraderecha y policías encubiertos, en franca faena de sicariato. En ese período de ocho años donde "el horno no estaba para bollos" y hasta el más valiente erraba el tino, perdieron la vida a causa de enfrentar, incidir y disentir, entre otros muchos: Otto Morales, Amín Abel Hasbún, Maximiliano Gómez, Sagrario Díaz, Amaury Germán Aristy, Francisco Caamaño Deñó,

Gregorio García Castro, Florinda Soriano (Mamá Tingó) y Orlando Martínez Howley.

La media isla que antes había sido casi el feudo privado de la figura de un dictador durante treinta años, pronto se convirtió en una derrama de comisiones y peajes administrativos en una economía endeudada, caracterizada por la inversión pública en infraestructura. La varilla, el cemento y el asfalto fueron la materia prima para crear edificaciones, avenidas, rotondas, escuelas y monumentos faraónicos, así como trescientos nuevos millonarios, civiles y militares, que contentos alababan la figura espartana de un intelectual en el poder, Joaquín Balaguer. Un hombre desconfiado aunque de maneras finas, grandes dotes de orador, poeta, escritor prolífico, burócrata perspicaz y émulo digno del renacentista Niccolò di Bernardo dei Machiavelli.

Poco a poco la enmascarada democracia bajo su mando adquiría visos de gobierno militar y provocaba cambios sucesivos en las filas castrenses. En el 1974 se llama a elecciones de nuevo y otra vez el Partido Revolucionario Dominicano retira de la boleta a su candidato, Antonio Guzmán, dejando cancha abierta a un período adicional de gobierno del Partido Reformista liderado por Balaguer.

"Siete días con el Pueblo", en diciembre de 1974, fue un festival musical valiente y fuera del contexto gubernamental, organizado por la Central General de Trabajadores sindicalizados donde se dieron cita los mejores exponentes de la "Nueva Canción" o "Nueva Trova" latinoamericana. Las interpretaciones flamígeras de protesta político-social, realizadas en la ciudad de Santo Domingo, San Pedro de Macorís y Santiago de los Caballeros, revolvieron los ánimos de las nuevas generaciones e insuflaron nuevos bríos revolucionarios que tomaba por sorpresa a las autoridades. Luego utilizaron las fotos y filmaciones para cazar algunos insurgentes que salieron de sus refugios a aplaudir a los artistas, entre ellos a Mercedes Sosa, Pi de la Serra, Noel Nicola, los Guaraguao, Silvio Rodríguez, Expresión Joven y al grupo Convite, con Luis Días Portorreal a la cabeza.

En esos cuatro años se atrae la inversión extranjera y se incrementa el turismo a través de leyes de incentivos, a la par que los precios del azúcar obtienen resultados récord gracias al incremento de cuotas preferenciales de mercado, incrementándose el poder adquisitivo al crearse un bienestar social que permeaba visiblemente a una mayor cantidad de familias dominicanas.

Las multinacionales GTE y AT&T tenían el monopolio de las comunicaciones y era normal que a través de las redes locales un extenso sistema de espionaje telefónico y telegráfico se llevara a cabo, durante años, por los servicios de seguridad del Estado y las agencias de inteligencia norteamericanas.

La tecnología computarizada liderada por IBM World Trade Corporation coloca equipos sofisticados en los ministerios estatales y las grandes compañías comerciales, manufactureras y de telecomunicaciones, dando inicio a la época de masificación transaccional y registros digitalizados en forma de referencias cruzadas. Las bases de datos estadísticas, los registros de hacienda, las recaudaciones impositivas y las operaciones financieras experimentan un despunte a la par que otros países del hemisferio, estableciéndose controles automatizados y expandiendo los negocios a escala global, como fuese el caso singular de las operaciones con tarjetas de crédito.

La violencia política, sin embargo, implicaba un desbalance social que el presidente Balaguer, cual Pilatos moderno, achacaba de manera endeble a enfrentamientos entre fuerzas "incontrolables" y las celdas comunistas opositoras, elementos ajenos qué, según él, escapaban del todo a su poder de mando.

Las clásicas falacias que todos conocen como promesas de campaña, incluían una reforma equitativa en el campo para paliar la pobreza rural, la cual como es natural, no se consumó. La tierra arable así como el cultivo agrícola en general siguió en manos de empresas extranjeras y los terratenientes de antaño.

Lo anterior, unido a un desgaste político previsible luego de doce años y un rechazo masivo de los votantes, culminó en la derrota de Joaquín Balaguer en las elecciones de 1978; no sin antes intentar, él y su camarilla, ganar por las malas, al utilizar el ejército para suspender el conteo de votos que daba como seguro ganador al candidato del Partido Revolucionario Dominicano, Antonio Guzmán Fernández. Y no es sino por la intervención del pueblo con sus protestas generalizadas y paros nacionales, junto al apoyo de James "Jimmy" Earl Carter, presidente de Estados Unidos desde el año anterior, que se reanuda el conteo y Balaguer pierde el poder por los siguientes ocho años, es decir, hasta que cumplí la mayoría de edad. Curiosamente, no hubo revueltas ni líos por primera vez en la historia de las transferencias de mando en República Dominicana, siempre proclive a la querella y la disputa. Por supuesto, gracias al atinado amparo norteamericano.

Aquello fue desde entonces, otra cosa, otra fragancia, como decía mi madre; u otra vaina, como decía mi padre.

Solo que todo ello pasó por mi cabeza sin pena y sin gloria, pues mientras, yo era la flamante Consuelito, o "Cuchi", como me llamaban los afectos y hacía mis pininos clásicos de niña en la sociedad dominicana del siglo pasado. Canadá, el "pesebre" de la Misericordia, el dulce aroma de mi madre biológica y los arrumacos francófonos en brazos de la hermana Babette, fueron borrados por completo de mi memoria imberbe.

Lo anterior fue sustituido por las marchas y veladas infantiles en la escuela primaria, aprender a montar bicicleta y patines, la primera comunión en la Iglesia de las Mercedes, los divertidos cumpleaños en casa, las vacaciones en la finca de mi abuelo Nando en Puerto Plata, donde montábamos a caballo, cortábamos caña por deporte, estábamos hasta media mañana en pijama y nos bañábamos en la playa de Sosúa. Junto a todo aquello, se desarrollaban también mis primeras percepciones importantes: el amor instintivo por los animales —en particular los perros, de los cuales llegué a tener hasta quince y ahora solo tengo tres; así como también por los caballos, de los cuales hablaré luego—, el aprecio por esta tierra hermosa, por mi familia materna tan unida, mis queridos diez primos; el asimilar las costumbres locales casi inalteradas desde los tiempos coloniales, registrar en mi cabeza de niña la importancia política de mi padre y en menor medida también la de mi madre, así como los rasgos característicos de cada cual y sus interrelaciones conmigo.

Consuelo y familia Majluta-Villanueva, Puerto Plata, 1970

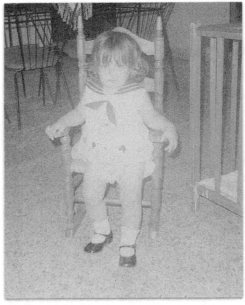

Consuelo y su mecedora favorita, casa familiar,
Santo Domingo, 1971

Consuelo lista para conducir, 1971

Consuelo, quinto cumpleaños en Santo Domingo, 1972

Consuelo y los Majluta-Villanueva, Playa Sosúa,
Puerto Plata, 1972

Consuelo y Ana Elisa, fiesta escolar,
Santo Domingo, 1974

Consuelo, años de educación primaria,
Santo Domingo, 1973-1975

Consuelo, Colegio Babeque, Santo Domingo, 1975

Consuelo y su primer caballo, Santo Domingo, 1976

Consuelo, Primera Comunión, Santo Domingo, 1978

El concepto de amistad en las lides políticas, es muy relativo. La manos unidas y levantadas durante las campañas y en los congresos multitudinarios, las sonrisas y los abrazos, las odas serviles y los piropos, están cargados de veneno y envidia, aún cuando se milite en un mismo partido y se mantengan ciertos criterios de unidad; a fin de cuentas es común que primen los intereses personales sobre los colectivos y la hipocresía va de la mano con la maldad y la traición. Pasa desde la Grecia antigua hasta nuestros días.

Ocho años más tarde de que a mi padre le hubiese tocado degustar brevemente las mieles y acíbares del poder, fue Joaquín Balaguer, justamente, quien de manera abierta le externó a mi padre, en compañía de tío William, aquella frase aleccionadora y lapidaria del 1986: «la traición de sus amigos me ha beneficiado». Eso le dijo a bocajarro el anciano presidente hundido en su mullida butaca a altas horas de la noche, pues Balaguer, al igual que mi padre, también era hombre de poco dormir —cosa natural en un trabajo de tantos sobresaltos a deshoras— y tal intercambio se produjo en una tensa reunión donde se parlamentaba sobre la ambigua derrota electoral de Jacobo Majluta y se cernía nuevamente la amenaza velada de otra revuelta civil.

Cuando hablaba de amigos, Balaguer se refería a los compañeros de lides de aquel tiempo y ahora fenecidos, José Francisco Peña Gómez, Salvador Jorge Blanco y también a Antonio Guzmán Fernández.

Antes de que sucediese aquella iluminadora reunión, mi padre participó como precandidato presidencial del PRD en la convención de 1977, disputando la candidatura interna con Antonio Guzmán Fernández y Salvador Jorge Blanco. Guzmán Fernández y mi padre a fin de cuentas se transaron en una dupla ganadora y el 16 de agosto de 1978 ambos se juramentaron ante la Asamblea Nacional en el segundo mandato constitucional del PRD desde el derrocamiento de Juan Bosch en 1963.

Pocos vivos saben que durante el último mes de ejercicio de mi padre como vicepresidente de la República y Director General de la Corporación de Empresas Estatales (CORDE), no se hablaba con el presidente Guzmán. Don Antonio lo destituyó de la Dirección General sin preaviso, para colocar personas de su confianza que abogaran por sus intereses indirectos.

Amigos políticos incondicionales mi padre tuvo pocos, el diputado Juan Winston Arnaud fue uno de esos que se contaban con la mitad de los dedos de una mano, un hombre noble, sagaz, sencillo y leal. William Jana es otro de ellos, conocedor de todos los intríngulis, consecuente y fraterno en todas las etapas, fuese pato o gallareta, en las buenas y en las malas.

Soy muy curiosa y precoz, tuve mi primer ciclo menstrual a los once años mientras asistía a un campamento de verano en Miami, lo cual cambia todo en la cabeza de una mujer. Casi a esa misma edad aprendí a conducir un Ford Mustang de mi madre en la finca de Puerto Plata, tuve mi primer caballo, mi primera moto a pedales, y después de cumplir los doce, empecé a ver las cosas desde otro prisma, desde otra óptica. Lo que cuando se es niño se entiende como natural y no se cuestiona, al adquirirse real conciencia de lo que nos rodea, cada gesto y cada palabra, cada detalle en el tránsito de la vida se torna fundamental y nos moldea poco a poco, como el alfarero a la arcilla.

—¿Por qué nací en Montreal y no aquí? —fue una de mis primeras preguntas.

Mis padres, que me flanqueaban en ambas orillas de la cama matrimonial se congelaron en el momento. Mi madre dejó la lima de uñas en el aire y mi padre, en vilo, la página del documento que iba a pasar. Aquella pausa no era natural en ellos, que se miraron por encima de mi cabeza y aprovecharon para dar sendas haladas a sus cigarrillos y luego tomarse cierto tiempo en exhalar y apagar las colillas. Parece que aquello se había tratado antes, pues mi padre se hizo el caprino desquiciado, carraspeó, hizo un gesto de "ocúpate tú de eso" a mi madre y ocultó su perfilada nariz en el legajo de papeles.

—Porque en ese tiempo estábamos en el exilio —fue la respuesta razonable, precisa y contundente.

—Oh —dije yo, complacida con esa primera explicación, pero no la única que esperaba— ¿Y por qué yo soy rubia y tengo los ojos azules?

Mi padre se puso de pie con el endeble argumento de que iba al baño y mi madre encendió otro cigarrillo para tomarse el tiempo que requería revelar cualquier cosa sobre aquel tema sensitivo de los rasgos fisiológicos.

—Porque saliste igualita a tu bisabuela —fue la segunda respuesta, también razonable, pero que no sonaba del todo convincente, pues siendo tan precisa como era, no especificó cuál de ellas.

Mi padre sacó la cabeza desde la puerta del baño y dijo:
—Idéntica.

Luego se encerró en el habitáculo a hacer ruidos exagerados que justificaran su viaje al trono.

Hoy pienso que es posible que aquella respuesta de mi madre estuviese cargada de sabiduría y yo sea una fotocopia de una de mis bisabuelas... canadienses.

—¿Tienes una foto de ella? —insistí, inocente.

—¡Ay no mi hija! ¡Imagínate tú! Todo eso se perdió en las mudanzas de aquí para allá —y ahí se acabó el tema, pues mi madre se excusó para ir a la cocina en busca de un impreciso no sé qué.

Y yo me quedé allí, más o menos conforme, en medio de la cama desierta, acompañada de mis respuestas.

VISITA DE JACOBO AL P.R.D. EN
NEN YORK.(ENERO DE 1979)

Max Reynoso, William Jana, Jacobo Majluta, New York, 1979

Jacobo y compañeros de partido, New York, 1979

Entre los once y los catorce años ya me había convertido en una jovencita y mi padre era el vicepresidente de la República Dominicana, aquello cambió las cosas desde varios puntos de vista. Ya no era una niña, la casa se llenó de gente diversa y existía un protocolo rígido que no era nada parecido al de nuestra vida anterior.

Pasar de jugar muñecas descalza en la acera, y en una casa con solo una chica de servicio, a un batallón residente de civiles y militares era voltear nuestras vidas personales patas arriba. De repente teníamos un chef, tres chicas para atender la casa, un camarero, más de veinte hombres con armas largas y pistolas, los soldados y civiles de la escolta, además de los hombres de confianza del partido que también andaban armados. A veces se sentía aquello como un cuartel con sus reclutas y oficiales, con el taconeo de las botas y los saludos militares de rigor.

Más aún cuando venían de visita otros funcionarios del Estado con sus propias escoltas, aquello había que verlo. Y si estaban relajados, en espera de órdenes, se ponían a echar partidas de dominó o casino, a hartarse de sancocho o a hablar de sus vidas, y yo andaba por allí con ellos, y los retaba a jugar pelota de la pared, apostando granos de habichuelas en los juegos de baraja, o presta a elegir al escolta favorito de la semana, eso sí, siempre con mucho respeto.

Por otro lado desarrollé mis atributos femeninos, como dije, un poco antes que mis compañeras, en apenas seis meses de pubertad usé sostenes de talla adulta primero que todas ellas, y por supuesto que aquello también cambió las cosas para mí, pues descubrí el placer personal a la vez que mi atracción por el sexo opuesto y viceversa.

Ya a los trece años tuve mi primer noviazgo a escondidas en la escuela y con tanta escolta aquello no resultaba sencillo. El código secreto era pasar subrepticiamente una nota cargada con dibujos de corazones al chico que yo citaba a la tanda matiné de las tres de la tarde en el Cine Triple, frente al malecón de Santo Domingo, y esperar que desde lejos asintiera con la cabeza, sin decir palabra.

Dije antes que era curiosa y precoz, cualidades que hacen de los primeros noviazgos una feria de carnaval. Al terminar las películas que nunca veíamos, espantaba la mula cada uno por su lado, estrujados y felices con los escarceos propios de aquellos primeros encuentros donde se satisfacía la curiosidad sexual de una manera atrevida, pero que a la vez bordeaba la inocencia, dominaba la prisa y abundaba la torpeza táctil.

Esos encuentros se repetían cada vez que se podía, en zaguanes, parte atrás del patio y esquinitas ocultas, tratando de no levantar sospechas, y habría que dar las gracias efusivas a la política, puesto que en ese tiempo mis padres andaban de cabeza en sus tareas de Gobierno y no querían tenerme muy cerca de ese ruedo, excepto en ocasiones muy especiales, por lo que la vigilancia era hasta cierto punto laxa y mis aptitudes para el camuflaje, junto a la capacidad de convencimiento de terceros, eran muy eficientes.

Algunas de aquellas raras ocasiones especiales donde iba a regañadientes a palacio, a funciones de teatro, a fiestas o actos protocolares de Gobierno, pude conocer a personas muy singulares.

Recuerdo perfectamente, por ejemplo, que en el hemiciclo del Senado, como es natural, no había silla asignada por protocolo a Consuelito, quien papá llevó de la mano, por lo que me hicieron espacio en el lugar más inesperado: las rodillas del general Omar Torrijos, un caballero encantador de verbo fácil, elegante, atractivo y con un acento panameño que nunca olvido.

Igual pasó con la madre Teresa de Calcuta, fui a conocerla a disgusto y obligada porque coincidía aquel encuentro protocolar en palacio con una reunión de amigas de la escuela que me parecía mucho más amena. Resultó que disfruté mucho el conocerla, una mujer impresionante en su sencillez y manera de expresarse, que al tocar mi rostro con su mano ajada por los años y el trabajo social que llevaba a cabo, pareció transformarme en otra persona y salí feliz de haber tenido el privilegio de conocerla.

Otro de los personajes relevantes con el que tuve primero el disgusto de cambiar mis planes personales y luego el placer de conocer, fue al papa Juan Pablo II, cuando visitó por primera vez la República Dominicana en enero de 1979; luego nos visitó dos veces más, en 1984 y en 1992. Resultó ser un hombre tan sencillo como la madre Teresa, en extremo ágil y vigoroso, a la vez que de una inteligencia y fortaleza extrema. Sus rígidas posiciones anti-marxistas causaron una que otra crítica dentro de la bancada radical del Partido Revolucionario Dominicano, pero no pasó de ahí y fue tratado con la cortesía que se le debía como Jefe de Estado.

Y así otras tantas, como ir con mi madre ir a recibir a la cantante cubana Luisa María Güell y quedarme prendada del intérprete Omar Franco que estuvo allí en el recibimiento del aeropuerto, vestido de traje blanco, camisa rosa y unos pantalones acampanados, muy ajustados, propios de la época.

Pero eso son apenas los buenos momentos que recuerdo, las pinceladas luminosas, el resto la pasaba muy aburrida y ultra protegida, cosa que en aquellos años no me parecía nada divertido. Los encuentros escasos y fortuitos con el presidente Guzmán y su gentil esposa, o con el malgenioso ex-presidente Juan Bosch o el venático activista José Francisco Peña Gómez, que de alguna manera registraban mi furtiva presencia infantil y juvenil, me parecían una verdadera tortura.

Discurso de toma de posesión presidencial de Antonio Guzmán
ante la Asamblea Nacional, Santo Domingo 1978.
(Consuelo sentada en las piernas del general Omar Torrijos).

Presidente Antonio Guzmán, Vicepresidente Jacobo Majluta,
Primera dama Renée Klang y Ana Elisa Villanueva,
Catedral de Santo Domingo, 1978

Jacobo y Ana Elisa, Día de la Independencia Nacional, 1979

Joaquín Balaguer y Jacobo Majluta, 1978

George H. W. Bush, Manuel Tavares y Jacobo Majluta, Santo
Domingo, 1981

Vicepresidente Jacobo Majluta y canciller dominicano
Ramón Emilio Jiménez hijo, Ecuador

Jacobo Majluta, visita protocolar a buque de la armada
norteamericana, puerto de Santo Domingo, 1981

Antonio Guzmán, Jacobo Majluta y altos mandos militares,
Senado de la República, Santo Domingo, 1978

Consuelo y Jacobo, arribo a aeropuerto de Santo Domingo, 1982

Renée Klang de Guzmán, Luis Herrera Campins, Ana Elisa,
Jacobo, presidente Antonio Guzmán, Betty Urdaneta de Herrera,
Palacio Nacional, Santo Domingo, 1978.

Ana Elisa, Consuelo, Jacobo, compañeros de partido y
amigos, Santo Domingo, 1982

Consuelo, fiesta familiar, Santo Domingo, 1978

Consuelo, Jacobo, Ana Elisa, acto oficial Santo Domingo, 1982

Jacobo, Consuelo, Madre Teresa de Calcuta, Ana Elisa, acto
protocolar, Santo Domingo, 1982

Jacobo, Consuelo, Madre Teresa de Calcuta, Ana Elisa, acto
protocolar, Santo Domingo, 1982

Jacobo, Consuelo, Ana Elisa, acto protocolar, Santo Domingo, 1982

Luisa María Güell, Omar Franco, Consuelo, Ana Elisa, recepción
informal, Santo Domingo, 1981

Ana Elisa y Carmen Ortíz Bosch, Santo Domingo, 1982

Jacobo, Ana Elisa, abuelos maternos de Consuelo, reunión familiar,
Santo Domingo, 1981

Jacobo, Consuelo, Ana Elisa, recepción aeropuerto,
Santo Domingo, 1982

Jacobo, y Renée Klang de Guzmán, acto protocolar,
Santo Domingo, 1982

Antonio Guzmán (parcialmente oculto), papa Juan Pablo II, Renée Klang de Guzmán, Jacobo Majluta, Ana Elisa Villanueva (de espaldas), recepción oficial aeropuerto, Santo Domingo, 1979,

José Francisco Peña Gómez, Jacobo Ana Elisa, Santo Domingo, 1982

Jacobo Majluta, Ellsworth Bunker, ceremonia oficial Palacio Nacional,
Santo Domingo, 1982, Consuelo, Madre Teresa de Calcuta, Ana Elisa, acto
protocolar, Santo Domingo, 1982

Renée Klang de Guzmán, Antonio Guzmán, Jacobo Majluta, Ana Elisa
Villanueva, acto oficial, Santo Domingo, 1978.

Jacobo Majluta, despacho en el Palacio Nacional, Santo Domingo, 1982,

Cinco años antes de que fuese la hija del vicepresidente de la República, ocurrió una ruptura política importante. En noviembre de 1973, debido a profundas diferencias de criterio entre el fundador del partido, el ex-presidente Juan Bosch, y el Secretario General, José Francisco Peña Gómez, la unidad estructural se rescindió. Juan Bosch formó tienda aparte al crear el Partido de la Liberación Dominicana (PLD) y extraer de su seno a compañeros de extraordinaria valía intelectual y estratégica, dejando de lado su antiguo baluarte de campaña.

Dicen que todos los inicios son difíciles y que los años de trabajo rinden sus frutos en el momento justo donde se produce la madurez. Las ramas gruesas que derivaron del tronco del viejo roble durante la post-dictadura de Rafael Trujillo, la guerra civil y la cuasi-dictadura de Joaquín Balaguer, concretaron pactos internos y estrategias de relevo, tanto en el engranaje del Poder Ejecutivo, como en el Legislativo y Judicial, entre ellos, figuraba mi padre.

Las figuras del PRD que le rodeaban en aquella época, poco a poco fueron insertándose en las marañas del poder y las influencias, entretejían a puertas cerradas pactos de aposento en base de intereses creados o por crearse, y complotaban unos contra otros tras bastidores, entre sonrisas hipócritas y sorbitos de café Santo Domingo.

A la par que se enroscaba el gusanillo del poder no puedo olvidar los dos entretenimientos que más le gustaban a mi padre, aparte de la comida y el tabaco: dar largos conciertos bajo la ducha imitando de manera lamentable la voz de Marco Antonio Muñiz y escuchar la comedia diaria "La tremenda corte" en la radio, escrita por el guionista Cástor Vispo. Se partía de la risa al escuchar los enrevesados y ocurrentes argumentos bufonescos de Leopoldo Fernández que interpretaba a José Candelario Tres Patines, de Adolfo Otero, que interpretaba el personaje de Rudesindo Caldeiro y Escobiña, de Mimí Cal que daba vida a Luz María Nananina y el extraordinario Aníbal de Mar que encarnaba al Tremendo Juez. Aquello era cita obligada a la hora de comer en casa y más de una vez había que retirarle la taza de café porque entre carcajadas la derramaba sobre la corbata.

La familia de mi madre es muy unida, por lo que mis primas hermanas eran mis confidentes y también paños de lágrimas con las cosas normales de la edad; por el contrario, la familia de mi padre no lo era tanto, pero aún así, dentro de mis primeros cambios hormonales y la entrada a la pubertad no carecía de cariño, aunque sí de un extraño y creciente sentimiento de vacío interior que no lo llenaban los objetos materiales que me obsequiaban en abundancia. Mi picardía se acentuó y mi percepción acerca del entorno fue agudizada por los debates íntimos. Me daba cuenta de cómo se movía el mundo de la política por los comentarios de sobremesa y en casa estábamos muy informados de lo que pasaba en toda la isla, y en sentido general, en el mundo. Aunque no me daba cuenta al momento, aquellas pródigas lecciones naturales me han servido de mucho durante el resto de mi vida.

El cariño mi padre lo manifestaba de manera física y con palabras dulces, siempre me tomaba de la mano y me abrazaba, mi madre era menos generosa afectivamente, quizás porque se tomaba muy en serio mi instrucción en el hogar.

A mi mamá le encantaba salir de compras, para ir a tiendas siempre estaba dispuesta y elegió mi ropa hasta que tuve dieciséis años.

Las costumbres en la casa y el protocolo general lo enseñaba ella, mi papá era un hombre de buenas costumbres, pero en extremo sencillo, mi mamá era un poco más exigente que él, en ese aspecto.

Una vez me dijo:

—«Tú eres muy poquita» —y aunque no recuerdo exactamente por qué se expresó así conmigo, aquellas palabras me marcaron profundamente, de por vida.

Lo cierto es, a fin de cuentas, que nunca carecí de calor humano ni familiar, a pesar de la tirantez cíclica con mi madre y la generosidad extrema de mi padre que nunca dejó de hacerme sentir como la chica más mimada del universo.

Las noches eran largas pues abundaba el insomnio, mi padre usaba sandalias con tiras de piel y podía detectar por donde andaba por el crujir del calzado, su carraspera de fumador y el aroma del tabaco. Cuando se cansaba de leer y dar paseillos, metía la cabeza en mi habitación a ver si estaba dormida, y si abría los ojos, enseguida me sonsacaba para que lo acompañara a ver una película en la televisión, a riesgo de una buena pela de lengua de mi madre, que era muy hiriente de boca. Yo encantada, pues disfrutaba sobremanera su compañía y más aún cuando me iba mal en los estudios escolares, pues condonaba hasta mis malas notas y se lo tomaba todo a chiste, o a la ligera, solo conmigo. Incluso una vez, la primera en que sentí los efectos de una borrachera, acompañada de mi amiga de toda la vida, Marta, cuando decidimos experimentar con ligas de todo lo que había en el bar a la sazón de una fiesta y vomité hasta el alma, aún en esas condiciones, defendió mi curiosidad natural por experimentar ante mi madre, que botaba hiel por los poros.

Solo una vez puedo decir que fue la excepción a esa regla de amor absoluto, cuando cometí la torpeza de meterme en una discusión entre él y mi madre y le di razón a ella, porque la tenía realmente. Él me miro con cara de haber sido traicionado y soltó una sonora bofetada que arrancó dos lágrimas y me dejó en un estado absoluto de estupor e incredulidad. Fui corriendo hasta mi closet a encerrarme, atribulada, entre lamentos y gimoteos. Al poco tiempo cesaron los vituperios, él vino a verme y se sentó en el suelo a explicar, con paciencia de monje tibetano y consolador, las virtudes de no meter la cuchara nunca en pleitos de marido y mujer.

—Consuelito, cuando las cosas están encendidas, no le eches gasolina al fuego —fue la lección paterna que quedó marcada con sus cinco dedos en mi mejilla colorada.

Jacobo y Ana Elisa, arribo a aeropuerto, Santo Domingo, 1982.

Jacobo Majluta y Ana Elisa, baile oficial Palacio Nacional,
Santo Domingo, 1979

Jacobo, Ana Elisa y Consuelo, campamento de verano, Miami, 1976.

Jacobo Ana Elisa, momento íntimo familiar, Santo Domingo, 1978.

BERMELLÓN

El sulfuro de mercurio obtenido por sublimación química, así como el polvo de cinabrio natural que data de la prehistoria, anticipan la sangre que transportan los heraldos de las tragedias y al mismo tiempo representan las más turgentes pasiones, tórridas y singulares.

En la modernidad el vibrante rojo cadmio adiciona vida, energía a los trazos y cierne entre los microscópicos valles del entramado de un telar, una fuerza poco comparable al de otros pigmentos.

Es por ello que Consuelo escoge, adrede, de entre los tubos de pintura, aquel que estampa sus recuerdos recónditos, el que más ahonda su sentir, el más visceral, el que representa sus más violentas emociones y sus choques frontales con la vida.

Y así, ¡zás zás!, incide en medio de la superficie trastornando las percepciones ópticas al subordinar la frialdad del azul cobalto a los ardores firmes y flamígeros del bermellón.

La relación de mi padre con el hacendado Antonio Guzmán Fernández databa desde los inicios del quehacer político que ambos abrazaron con mucha energía, entereza y responsabilidad.

El PRD fue siempre un partido de masas, de bases, y en un país donde las mezclas raciales son normales, a la vez también causaban soterrados distanciamientos a la hora de las candidaturas. No es casualidad que mi tío de cariño, William Jana, señalase que aún en esta agrupación donde concertaban esfuerzos mulatos y criollos, existía una élite fundamentada en el color de las pieles. Los "blanquitos" del PRD ocupaban posiciones de cúpula y contrastaban con la negritud del líder José Francisco Peña Gómez, quien tuvo que sufrir toda la vida el estigma de su procedencia dominico-haitiana, hasta el punto de mantenerle en un segundo plano hasta que fuese demasiado tarde, muy a pesar de tener todas las condiciones intelectuales y políticas necesarias para dirigir los destinos de la nación.

Este tema racial se ponía de relevancia en la melanina del propio profesor Juan Bosch, en los abogados Salvador Jorge Blanco, ex-presidente de la República; en el rector de la Universidad Autónoma de Santo Domingo y Ministro de Relaciones exteriores en el 1965, Jottin Cury; en los hermanos juristas y legisladores Marcio y Tirso Mejía-Ricart; en la ex-vicepresidenta Milagros Ortíz Bosch, en el propio ex-presidente Antonio Guzmán, en el ex-presidente Hipólito Mejía; y entre otros, en mi padre, ex-vicepresidente y ex-presidente, Jacobo Majluta Azar, perfecto ejemplo de lo que William Jana resalta.

Don Silvestre Antonio Guzmán Fernández, que en paz descanse, fue un ser humano humilde y campechano, hacendado, ganadero, empresario autodidacta y muy trabajador, nacido en la Ciudad de La Vega Real en 1911, en el seno de una familia textilera, y se cuenta entre los más acertados mandatarios dominicanos, a pesar de su trágico deceso. Desde muy joven, iniciando en 1928, estuvo a cargo de gerenciar los negocios de la empresa Curacao Trading Company en el interior del país. En 1942, ya había hecho fortuna con la exportación de frutos y era uno de los grandes productores arroceros de la región norte. Seis años después, en 1948, dio el paso hacia la producción a escala industrial de cacao, café y arroz, al fundar la compañía por acciones cuyo nombre comercial fue "Productos Dominicanos CxA". Aficionado a la música, llegó a ser ejecutante de instrumentos de viento en sus tiempos mozos y antes de cumplir los treinta años se casó con su esposa de toda la vida, la dama de finísimas maneras doña Renée Klang Avelino, nacida en Venezuela, de padre francés y madre brasileña, con quien procreó tres hijos. A los 55 años, don Antonio había sido candidato a vicepresidente de la República en boleta compartida y perdedora, junto al ex-presidente Juan Bosch.

Doña Renée, a quien recuerdo con mucho aprecio porque me distinguió siempre con un saludo gentil y cariñoso, había iniciado en su juventud estudios como odontóloga, los cuales fueron truncados por su matrimonio, y creo que esa vocación original pudo haber desarrollado su marcada inclinación por ayudar a nuestros semejantes con desventajas sociales. De alguna manera doña Renée me recordaba a mi abuela materna, ese tipo de dama de finas maneras, de hablar pausado y a media voz, una elegancia singular, cutis de porcelana y gran corrección. Fue la Presidenta del Consejo Nacional para la Niñez (CONANI), fundado por ella unos tres meses después de ascender su marido al poder, el 23 de noviembre de 1978, como una institución de servicios a los niños menesterosos y desamparados que convirtió en una eficiente dependencia del Estado en el área de asistencia social. Incluso logró instalar, con la ayuda del gobierno de Suecia, una moderna planta procesadora de leche para alimentar a los niños depauperados. También logró un estupendo acuerdo con la sociedad S.O.S Kinderdorf para crear los orfanatos llamados "Aldeas infantiles S.O.S.", obra meritorísima conformada en 1949 por el trabajador social Hermann Gmeiner, en Imst, Austria, la cual ahora, conociendo mejor mi historia, causa una especie de eco sincopado en mi espíritu.

Mi madre, se ocupó de seguir con su trabajo al frente del Consejo, luego de la tragedia acontecida a don Antonio Guzmán.

A los 67 años de edad pues, don Antonio fue elegido Presidente de la República y mi padre fue su compañero de boleta en el 1978, Jacobo Majluta tenía entonces apenas 43 años de nacido.

Como Primer Mandatario de la Nación y responsable de pagar una deuda externa de casi dos mil millones de dólares que había dejado el Gobierno anterior, y en un momento en que los precios del mercado mundial de azúcar, nuestro principal rubro de exportación en aquel entonces, estaba en uno de sus niveles más bajos de la historia, don Antonio se hizo rodear de un gabinete tecnocrático donde abundaban los economistas y los asesores financieros en constantes reuniones de emergencia.

Un recorte importante al presupuesto de las obras del Estado, excepto las carreteras, hospitales y escuelas rurales, aunado a un repunte en la producción agrícola nacional, la garantía de las libertades civiles, la desmilitarización en los ruedos políticos y la postura de no reelegirse nuevamente, sumaron puntos a su gestión administrativa.

Una de las pifias más curiosas de Antonio Guzmán, pues las hubo como en todos los gobiernos, ya que dirigir una nación es tema complejo donde no cabe lo perfecto, fue la de anticipar, quizás con demasiada efusividad, el descubrimiento de un yacimiento de petróleo en el sur de la isla, con lo cual se compensaría el déficit por la baja del azúcar en los mercados internacionales y empalmaba perfectamente con el alza del carburante. El pozo de Charco Largo, de unos cinco kilómetros de profundidad, resultó dar paso a gas biogénico, un tanto diferente al encontrado en 1939 por la compañía Seabord Dominicana que extrajo unos doce mil barriles de crudo en un año.

De él se dijeron muchas cosas, que favorecía a ciertos grupos íntimos, que se hacía de la vista gorda, cosas que se dicen de casi todos los gobernantes y que no me constan ni vi evidencia alguna de ello en los archivos o las notas que quedaron en los libros de apuntes de mi padre; y una de las falacias de corrillo más socorrida es que andaba siempre bebido, pero eso no era cierto. Tenía una condición en la cavidad oral que le hacía arrastrar las palabras y ello combinado a los medicamentos que tomaba a sus setenta años de edad, ciertas lagunas mentales y mareos, defectos de dicción, más el estrés normal del cargo, daban la impresión de que así era.

Mi padre, además de ser vicepresidente, llevó la dirección de la Corporación de Empresas estatales (CORDE) durante dos años, hasta el 1980, es decir hasta que tuve 13 años de edad. Pocos saben que Antonio Guzmán le canceló de CORDE sin preaviso para colocar a un grupo de su confianza, lo cual le provocó a mi padre una profunda depresión anímica. Andaba todo el día en ropa deportiva para jugar al tenis y se dejó crecer una profusa barba que le hacía ver un poco desaliñado. Así, con su atuendo de tenista, recibía a personalidades en la casa, embajadores, senadores, diputados y todo tipo de gente que venían en busca de favores, de puntos de vista.

Tomaba largos baños, pues decía que un cuerpo tan grande como el suyo requería tiempo para acicalarse y llegó a fumarse hasta seis cajetillas de cigarrillos diarios y tomar decenas de tazas de café a toda hora, tantas como doce termos al día, lo cual debe haberlo asistido en mantenerse despierto gran parte de las jornadas. Ya en ese tiempo yo también empecé a fumar a escondidas, pues era un hábito persistente en la casa al que era difícil resistirse.

Y llegó su punto culminante a causa de una desgracia ajena y un conjunto de detalles concatenados. El general Imbert McGregor les regaló, a don Antonio y a mi padre, dos revólveres muy ornados y en caja de madera finísima, de esos de colección. Con ese mismo revólver se pegó un tiro en la arteria carótida don Antonio, en una de las dependencias de su despacho de palacio, a los setenta y un años de edad.

Recuerdo que llamaron desde Santo Domingo mientras vacacionábamos en Puerto Plata durante el mes de julio, en la finca de mi abuelo, y mi padre dijo, muy aplomado:

—Empaquen que nos vamos, Antonio se pegó un tiro y está muy mal.

Cuenta mi tío William, presente en el hospital junto con mi padre, que la situación era muy confusa. El general Imbert Tesson insistía en llevarlo de urgencia a Estados Unidos pero estaba en precarias condiciones y clínicamente no era aconsejable. Se llamó a la embajada norteamericana para informarles antes que a nadie, para que no se pensase que lo sucedido había sido a causa de un golpe de Estado. Todo el mundo opinaba, una especie de batahola con ánimos caldeados, los adláteres del anillo de poder estaban muy alterados, los militares nerviosos y los médicos aún más. Hasta que mi padre se puso de pie, levantó la voz de líder, y dijo:

—¿Es que nadie le va a buscar una taza de café al Presidente de la República? —y de ahí en adelante todo se compuso en la sala del hospital.

Jacobo Majluta, jugando tenis, Santo Domingo Country Club, 1979.

General Imbert McGregor abraza a Jacobo Majluta tras la muerte del
presidente Antonio Guzmán, Palacio Nacional,
Santo Domingo, 1982,

Néstor Contín Aybar, presidente de la Suprema Corte de Justicia, juramenta como presidente a Jacobo Majluta en el Palacio Nacional, Santo Domingo, 1982.

Jacobo Majluta , Consuelo (a disgusto) y Ana Elisa, en acto oficial de juramentación, Santo Domingo, 1982.

Jacobo Majluta y Consuelo observan el decreto presidencial,
durante acto oficial de juramentación en Palacio Nacional,
Santo Domingo, 1982,

Jacobo Majluta y altos mandos militares, durante acto oficial de
toma de posesión presidencial, Santo Domingo, 1982,

Ana Elisa y el diseñador Oscar de la Renta,
Santo Domingo, 1982.

Renée Klang y Ana Elisa, reunión protocolar, CONANI,
Santo Domingo, 1981.

Durante el brevísimo período de cuarenta y dos días en que mi padre fue presidente, desde el cuatro de julio hasta el dieciséis de agosto de 1982, tenía yo catorce años de edad. El candidato presidencial de nuestro partido, Salvador Jorge Blanco, ya había ganado las elecciones en mayo de ese año, por lo que en realidad le tocó a mi padre un interinato que le hizo ver las cosas de manera muy diferente. No era lo mismo una cosa que la otra.

Curiosamente también, en esas elecciones de mayo, papá había sido elegido por el pueblo como Senador por el Distrito Nacional, cargo que ejerció durante cuatro años, incluyendo la Presidencia del Senado y de la Asamblea Nacional de la República.

Nunca olvido la toma de posesión en palacio a la que asistí orgullosa, en un vestido blanco de lino sin mangas; y él de frac, con la banda presidencial terciada, corbatín mariposa y guantes blancos, impecable. Me dijo que no estaba en ánimo de posar para la interminable batería de fotos protocolares, pero mi madre insistió mucho en ello, con toda la razón del mundo, aquella era una ocasión inusitada, propia de los devenires del elusivo y misterioso destino.

Como tampoco olvido cuando hicimos la ronda de palacio y noté la alfombra verde con la mancha de sangre en la estancia donde se había pegado un tiro su predecesor.

—¿Por qué no la quitan? —le dije a mi padre.

—No, eso se queda así por ahora —respondió él, pensativo.

La muerte de don Antonio Guzmán fue, días después, declarada oficialmente como accidental, mientras manipulaba el arma.

Y arrancaron las visitas de Estado y las reuniones kilométricas. Teníamos casa de veraneo en la playa, fragatas de la Marina de Guerra a disposición para ver las costas desde mar adentro, visitar la Isla Saona, Puerto

Plata, asados y fiestas con bailes de "apaga y vámonos". Yo me mareaba mucho en la fragata, de hecho en cualquier velero o con cualquier vaivén, fruto de la otitis mal curada en mis tiempos del "pesebre" en Canadá, que resultó en la perforación del tímpano derecho y que me ha hecho perder la audición con el tiempo, por tanto hablo un poco más alto que los demás sin darme cuenta cosa que toda persona cercana sabe y entiende.

Durante aquel tiempo echaba en falta a mi padre, como es natural el nuevo cargo le demandaba mucho y lo veía menos que de costumbre, pues las largas procesiones de los mozos con termos de café hasta su despacho en palacio eran interminables, a la par que los asuntos que habían quedado pendientes sobre el escritorio en la casa de Gobierno.

Pero mes y medio pasa rápido y el cambio de mando presidencial se hizo normalmente aquel agosto. Derivó entonces mi padre hacia el hemiciclo del Senado por los próximos cuatro años, hasta 1986, es decir, mis años difíciles de jovencita terrible, mimada, divertida y simpática, desde los quince a los diecinueve años de edad.

Seguí el aprendizaje de manipular armas y llegué a disparar bastante bien con revolver y escopeta, me gustaba montar en moto y volar en los helicópteros militares con las puertas abiertas, no así —como ya dije antes—, en las cabinas claustrofóbicas de los aviones; me encantaba la equitación cada vez más, mi amor por los animales se acrecentó, tuve mi primer automóvil deportivo y descapotable —un Ford Focus color rojo— con el que hacía carreras con mis primos, mis primeros novios, mis primeras pasiones, desengaños, rupturas, divertimentos, momentos de travesuras y locura, malas notas y poca propensión a los estudios, en fin, mis cosas de niña a mujer, un poco atípicas para muchos, pero a la vez normales para otros.

Ya durante sus años en el Senado de la República mi padre empezó a preparar su ideario de campaña, un anticipo a sus deseos de volver a ser presidente. Ese proceso lo recuerdo bien, pues se convirtió en una especie de obsesión que compartía con nosotros, su visión y sus ideas avanzadas, a toda hora y en el momento menos pensado. Creó el "Comité de Comunicación Proyecto Jacobo 86", quienes se encargaron del cuidado, edición y publicación de la obra que tituló: "La ideología de la eficiencia", un compendio de discursos, declaraciones públicas, charlas y conferencias, dictadas desde 1978, y que resumían de forma integral su postura política. Lo curioso de este libro es la vigencia atemporal y la universalidad que contienen sus enfoques, desde mi punto de vista como lectora, sus amplios y atinados conceptos aplicaban cuando fueron escritos, como también hoy día.

Sobre sí mismo, y probablemente refiriéndose de manera defensiva a los tiempos de gobierno del profesor Juan Bosch, decía: «...creo que este es un país soberano e independiente (o debe serlo por lo menos), y yo jamás podría ser un agente de ninguna potencia, ni soviética ni china ni cubana. Yo no tengo veleidades; yo no tengo cambios en mi vida. A mí no me sacarán en cara, jamás, ningún acto que ponga en entredicho mi dignidad ni la dignidad de mi país». —Y agregaba— «Hace ya tiempo que decidí que mi papel no es combatir a nadie ni contestar calumnias. Eso es tiempo perdido. Nosotros no estamos en guerra. Ni estamos en guerra contra ninguna persona, contra ningún partido, contra ninguna organización. Nuestra guerra es la guerra contra el hambre, contra el desempleo, contra el atraso y contra la dependencia en la República Dominicana... Si yo no estuviera seguro de que el país tiene soluciones en un término relativamente rápido no estaría buscando el poder».

Ese ideario de acción, debería de ser repasado por las generaciones actuales, seguras de que encontrarían temas debatibles en la actualidad, pues hemos avanzado, pero los escollos fundamentales siguen siendo los mismos que hace tres décadas. Hablar de la eficiencia como ideología, es tema de constante atención para una nación en vías de desarrollo. Entre sus páginas se habla de la política económica de la miseria, de las crisis de los estamentos productivos nacionales, del problema forestal que aún persiste, sobre minería y turismo, sobre finanzas públicas, políticas de endeudamiento y economía monetaria, la paridad falsa entre nuestra moneda y las divisas extranjeras, sobre control de precios y reforma tributaria, sobre la ineficiencia y retraso que no se contemplan a futuro en los acuerdos de deuda con el Fondo Monetario Internacional, sobre los diversos grados de crisis en una democracia, sobre un Parlamento Democrático Latinoamericano, las escisiones y cismas de los partidos políticos, los derechos de la mujer, la corrupción pública como un efecto de la avaricia privada unida a la retranca burocrática, y un capítulo maravilloso sobre la juventud, que es una oda a las nuevas generaciones. Todos temas avanzados para la época y que hoy son reiterativos, en esencia: el drama del subdesarrollo y su largo derivar.

Así pues, el paralelismo entre mi vida y la de mis padres tenía un denominador común, el drama.

Jacobo Majluta, Presidente de la República, Palacio Nacional,
Santo Domingo, 1982.

Ana Elisa, Jacobo y Consuelo, Palacio Nacional,
Santo Domingo, 1982.

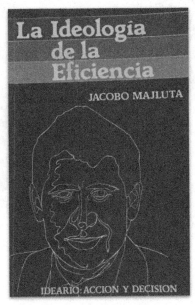

Portada de ideario político publicado por Jacobo Majluta,
Santo Domingo, 1986.

Jacobo Majluta, despacho en el Palacio Nacional,
Santo Domingo, 1982.

Consuelo Caillot, Consuelo Elena y Elena Azar, abuelas y nieta,
Santo Domingo, 1983.

Jacobo Majluta, Presidente de la República, Palacio Nacional,
Santo Domingo, 1982.

En los años finales del gobierno de don Antonio Guzmán me regalaron un caballito ye-ye, más pequeño que un pony, de color marrón claro casi rojizo, acanelado con manchas blancas, precioso, altanero y juguetón, al que le llamamos Alazán. Aunque su lugar estaba en el patio, a veces paseaba entre los pasillos de la casa como uno más de nosotros, con ese clopiticlop particular de sus pequeñas patas herradas. Al mudarnos desde el barrio de Gazcue hacia las afueras de la ciudad —puesto que así era en aquella época—, le llevamos de la rienda con nosotros a la amplia casa nueva en Arroyo Hondo. Decía mi tío William, con mucha jocosidad y extrema certeza, que esa era la razón por la cual mi padre conseguía menos fondos de campaña que los demás candidatos, pues se había mandado a mudar al lar citadino de las familias más ricas de la ciudad.

Un día llevaron los escoltas a Alazán a comer yerba en un solar vecino y volvió de allí envenenado, el veterinario no pudo hacer nada para salvarlo de la ingesta de herbicida y lo lloré como a un hijo, pues mi fascinación por los animales equinos solo se equipara al que siento por los perros. Monté a caballo desde pequeña, en la finca de Puerto Plata, en la ciudad y en circuitos profesionales de paso fino. El primer caballo que compré años después con mi propio dinero, carísimo por demás, lo conseguí en las afueras del pueblo de Jarabacoa donde el criador Michael Kelly tenía bellezas que cuidaba con buen ojo un señor colombiano, cuyo nombre se me escapa ahora. Competí durante tres años en los circuitos de calidad con Acertijo, más que con ninguno de los otros cinco caballos que compré luego, pues era mi favorito entre todos, hasta que me lesioné la rodilla y nunca más he podido volver a cabalgar. Yo veo lealtad en la mirada de los caballos, siento intensamente la poderosa nobleza del animal, y desde niña, al tocar el pelamen de un magnífico ejemplar, se me eriza la piel como si me transmitieran electricidad estática.

Entre 1982 y 1986, que fueron los tiempos senatoriales de mi padre, y al ser yo una pésima estudiante, sin nadie que me inculcara constancia o responsabilidad, llegué a graduarme del colegio a duras penas. En el camino a ser bachiller, repetí cursos, hice trampas en los exámenes, fui sancionada, en fin, toda la madeja de quien no se sabe adaptar a la vida académica pues había demasiado que descubrir fuera de las aburridas aulas que solo servían para conocer chicos y hechizarlos con mis encantos. Todo se producía con un tris de los dedos, que al chasquear, cual lámpara de Aladino, prodigaba el más nimio deseo.

Ya había aprendido a bailar con mis amigas y era el alma de cualquier fiesta, había aprendido a besar a fuerza de práctica constante y MTV era el canal de moda en la televisión por cable.

Está claro que la adolescencia es la etapa de desarrollo hacia la madurez, al tiempo que de exploración sin límites, descubrimientos de los botones propios y ajenos, rebeldía contestataria, aventuras indómitas y también confusión, que va de la mano con lo anterior. En mi caso no fue diferente.

El vacío interior a mis diecisiete años era palpable a pesar de mi exaltada propensión por las pasiones y las conquistas, una oquedad sin límites, como de tronco huero, una carencia fundamental, anemia del alma, nada me hacía sentir completa, estaba fracturada, hecha trizas, viva y sonriente de la boca hacia afuera, pero en mi interior solo podía sentir el ulular del viento intestinal, había perdido por completo la brújula y andaba a la deriva. Leí en algún libro que un bebé separado del seno materno siente esa privación toda la vida, pero en aquel momento eso no lo sabía, ¿cómo podía saberlo en aquel entramado de silencio obligado?.

Las recepciones oficiales y compromisos de Estado abundaban y eran un dolor de cabeza para mí en aquel momento de irresolución, más aún cuando detesto el que quieran disponer de mi vida sin consultarme, pues necesito ante todo una amplia sensación de libertad, aire, espacio.

Papá, siempre atento a mis vaivenes, sencillo, cariñoso, transparente, un hombre que con solo mirarme a los ojos sabía si me pasaba algo, que dedicaba espacios considerables de tiempo solo para mí y hacerme sentir la persona más importante en su vida, se dio cuenta primero que nadie y traté de explicarle lo que me pasaba, sin éxito. No me salían bien los conceptos y en ese tiempo, nunca adrede, había estado distante.

—¿Pero qué te pasa? ¿Qué te hace falta? ¿Qué tú quieres? —me cuestionaba preocupado.

—De querer no quiero nada, lo tengo todo. Me siento perdida y vacía... —le decía yo, sintiendo un dejo de insensatez e ingratitud hacia un hombre en extremo generoso que simplemente se desvivía por hacerme feliz.

Recuerdo que desde que era una bebé siempre tuvimos la costumbre de besarnos en la boca, hasta años más tarde cuando me casé; muchas personas no veían bien eso, incluyendo a mi madre, pero a él esa tontería de cariño nunca le importó y a mí mucho menos. Así pues, me dio un beso paterno y dijo, conciliador:

—¿Qué piensas de la universidad entonces?

—Mi vida como que está detenida, no tengo continuidad, no tengo ni deseos ni ilusión —le respondí.

—Puedes fácilmente esperar un año antes de empezar una carrera, Consuelito. Mira, vamos a dar un paseo —se le ocurrió.

Siempre que tenía que pensar en alguna estrategia inminente todo lo desembrollaba con un paseo en automóvil, le despejaba la cabeza, al igual que las mecedoras. Este tema conmigo demandaba necesariamente rodar por el malecón, que le daba mucha paz.

Muchas veces desde niña me sentaba en sus piernas para que tomara el volante, o me sentaba en el medio cuando íbamos con mi madre en aquellos autos que tenían el asiento delantero corrido y me agarraba de la mano durante el trayecto, protector. Resultaba un ritual conocido, todos los viernes mi papá le decía a mi madre que se ocupara de cambiarme de ropa que iba a pasear conmigo y ella feliz. Salíamos a eso de las tres de la tarde e íbamos al cine, o a caminar por el malecón, a visitar a mi abuela materna, a la piscina del hotel Jaragua, luego a cenar al restaurante Mario y regresábamos a casa ya entrada la noche. Este paseo era una repetición que me retrotrajo a aquellos tiempos, solo que esta vez yo me sentía distante, embrollada, fría, a mil años luz.

Dio órdenes a la escolta de que no los necesitaba, bajamos por la ruta del malecón mientras el Mar Caribe arrojaba sus oleadas bravías a los arrecifes erizados. Íbamos en el Chevrolet color crema, recuerdo vivamente que llevaba camisa azul clara, corbata suelta y pantalón azul marino, yo con una camiseta, vaqueros desteñidos y acampanados.

—Vamos a ver, ¿qué es lo que te pasa? —me dijo, cortando el silencio contemplativo.

Yo no me animaba a contar nada pues mis ideas estaban muy difusas.

—Te noto muy distante conmigo. Pasa algo —insistió.

—Nada, papi, todo está bien —repliqué.

—Tú eres lo más importante para mí, Consuelito. ¿Tú lo sabes, verdad? Solo tú importas.

—Yo lo sé, papi, pero no es nada... —intenté tranquilizarlo.

Me arrimó hacia él con su brazo de oso tierno, me abrazó fuerte y me besó en la frente.

—Échate para acá —me dijo, atribulado.

Seguimos camino hasta la playa de Güibia y redujo un poco la velocidad, llevaba un brazo fuera del auto con su eterno cigarrillo entre los dedos; durante el trayecto había encendido varios, y comentó:

—Me quisiera desmontar, pero la gente no me va a dejar tranquilo. ¿Seguimos?

—Como tú quieras —le respondí, consciente de su gran amor por mí, su desesperada manera por tratar de entenderme.

—Después de la campaña presidencial puedes irte a Miami, estudias inglés, te preparas y vuelves a la universidad. ¿Te parece bien?

—Como tú quieras, de verdad —volví a repetirle.

Consuelo, Santo Domingo, 1983.

Jacobo Majluta y Consuelo, momento familiar,
Santo Domingo, 1982.

Consuelo, competencia de caballos de paso fino, Jarabacoa,
1984.

Pistola cal. 22, regalo de Jacobo Majluta a Consuelo, 1984.

El mandato presidencial de Salvador Jorge Blanco mientras mi padre era senador por el Distrito Nacional estuvo caracterizado por el relevo, entre otras cosas dignas de mención. Jorge Blanco había sido el anterior senador por el Distrito Nacional cuando mi padre fue presidente efímero y ahora era al revés.

En 1983 fallece el vicepresidente Manuel Fernández Mármol, ya cumplido su primer año en funciones y su puesto queda vacante hasta 1986. Hay pues fallecimientos de presidente y vicepresidente en un lapso de apenas dos años y pocos meses; así como, curiosamente, el apellido Fernández —que es uno de los de mayor frecuencia en los padrones—, forma parte intrínseca de las órbitas de poder: el presidente Antonio Guzmán Fernández, el vicepresidente Fernández Mármol, y luego, una década más tarde, el presidente Leonel Fernández Reyna.

La relación entre mi padre y Jorge Blanco no era la mejor, de hecho era tirante, como también lo fue la relación que existió con el doctor José Francisco Peña Gómez, sobre todo al final de este cuatrienio. Una cosa eran las fotos en los periódicos y otra la realidad, supongo que por el tema de egos, puntos de vista insalvables y capacidad de liderazgo.

Salvador Jorge Blanco ha sido el único presidente dominicano llevado a la justicia y condenado por cargos de corrupción. Mi padre hizo un análisis de su persona y decía que Jorge Blanco fue un excelente hombre de leyes, riguroso, exigente, tozudo, rencoroso y estructurado en sus conceptos. Jorge Blanco se había unido al PRD en 1963 al formarse el Movimiento de Retorno de la Constitucionalidad Dominicana a raíz del golpe de Estado al profesor Juan Bosch. Impartió cátedra de Derecho universitario, fue miembro del Comité Ejecutivo Nacional del partido, Procurador General de la República durante el gobierno constitucionalista de Francisco Alberto Caamaño Deñó, precandidato a presidente en 1977 y senador al año siguiente, en franca disonancia con el entonces presidente don Antonio Guzmán.

Como presidente, Jorge Blanco tuvo que enfrentar con violencia los severos disturbios civiles de 1984 a causa del incremento de precios en los productos de primera necesidad, como efecto de los acuerdos con el Fondo Monetario Internacional. Se desveló más de una noche con los secuestros de personalidades, asesinatos y violaciones a los derechos humanos y civiles que resonaron en la prensa y noticieros, además de tener que mediar en las elecciones internas del PRD en 1985 —que terminó a balazos y con una profunda escisión entre sus líderes—, así como también, lidiar con un país que por primera vez en veinte años experimentaba tasas negativas de crecimiento económico.

Acusado, durante el gobierno opositor de Joaquín Balaguer en 1987, por contubernio en un escandaloso desfalco a las arcas públicas, Jorge Blanco tuvo que vadear cerca de cuarenta imputaciones que conllevaban además procedimientos penales, llegando a ser condenado, en ausencia —pues a la sazón se trataba clínicamente en Estados Unidos—, a veinte años de prisión y unos cien millones de pesos de penalidad económica. Después de diez años de arduas batallas legales, pudo lograr la anulación de sus sentencias y fue indultado en el gobierno amigo del presidente Hipólito Mejía.

A todo esto, mi padre veía resquebrajarse el partido que tanto amaba y echaba la culpa a Salvador Jorge Blanco y a José Francisco Peña Gómez. En esencia, el entramado político interno era en aquel momento lo que llamamos una verdadera "olla de grillos".

Peña Gómez, Doctor en Ciencias Jurídicas, se graduó además en la Universidad de París (La Sorbona) como Doctor en Derecho Constitucional y Ciencias Políticas en 1970. Mi padre lo consideraba un hombre brillante y culto, de pluma incisiva y verbo ágil, un verdadero maestro al asestar puñaladas traperas, versado en acuerdos de aposento, en extremo inteligente, pero muy susceptible y propenso a ofensas en lo que se refería a su vida personal y sus humildes orígenes. Mientras Jorge Blanco fue presidente, Peña Gómez era a la vez el Alcalde de Santo Domingo, posteriormente fue el presidente del PRD hasta 1998, y más tarde, candidato presidencial.

Durante el proceso de precandidaturas presidenciales iniciado en 1985 las facciones de mi padre y las de Peña Gómez se enfrentaron desde el principio, hasta el punto que aquello parecía una batalla campal, una pelea de gallos con espuelas de bronce, puesto que la cantidad de enfrentamientos armados entre compañeros de un mismo partido, rayó en lo insólito, por tanto, la campaña del 1986 merece un plato aparte.

En lo que la inquina se asentaba en el caldo espeso de las ambiciones políticas, debo reconocer y agradecer por siempre a un grupo de especialistas que se movían en las sombras, tras bastidores, para hacer un trabajo muy efectivo y verdaderamente difícil, el de cuidarme.

Ya por aquel entonces salía en las noches y mi lugar favorito era la discoteca Neón, enclavada en uno de los hoteles frente al malecón. Fumaba como un murciélago, fruto del ejemplo hogareño, y a veces tomaba unos cócteles de más, por lo que les hacía a los escoltas la vida imposible. Jesús María Sánchez Hernández y Rafael de Jesús León García eran objeto de mis frecuentes bromas al desaparecerme junto a los amigos de entonces a pasear por la ciudad, mientras ellos sudaban tinta tratando de ubicarme. La verdad es que, visto bajo el prisma ya de mujer adulta, eso les pudo haber costado su carrera militar y mucho más.

Aparte de aquellas bromas insensatas, tenía además asignados dos agentes vestidos de civil, uno gordo y uno flaco — por lo que les llamaba, naturalmente, "el gordo y el flaco", como el Laurel y el Hardy de las películas—, que vigilaban frente a la acera de la escuela. Al llegar y al salir del centro educativo los saludaba discretamente con señas especiales de que todo estaba bien. El relevo se producía de manera habitual cuando me enviaban en las mañanas en el auto negro de casa con dos escoltas vestidos de uniforme militar, quienes también me recogían en la tarde. Una vez sucedió algo inesperado y aquello me dio una idea del riesgo que se corre cuando se gravita en las esferas del poder político, así como la importancia y nivel de responsabilidad del trabajo de vigilancia e inteligencia, casi todo el tiempo muy tedioso, pero a la vez, uno donde jamás podían bajar la guardia.

A eso de las diez de la mañana entró la directora del colegio a decirme, discretamente, que tenía que volver a casa.

—Consuelo, tienes que irte, tu papá quiere hablar contigo —me dijo, con cara consternada.

—¿Pasa algo? —pregunté curiosa.

—Tu papá quiere que vayas, ahora —se limitó a indicar de manera muy firme.

Fuera del colegio, para mi sorpresa, el auto negro me esperaba con un todoterreno de la policía delante, y los agentes iban todos armados con fusiles, muy tensos y alertas. El flaco se ocupó de llevarme hasta el auto mientras el gordo, pistola en mano, vigilaba la avenida.

Cuando llegué a casa me esperaba mi padre en la puerta y me llevó a su oficina privada.

—Consuelito —me dijo—, ha pasado algo pero ya está controlado. Es importante que estés muy atenta y siempre sigas las instrucciones de los escoltas.

A partir de aquel momento, por turnos, recibí clases de defensa personal y de detección de intrusos y de movimientos extraños a mi alrededor. Lecciones que he llegado a apreciar y tomar muy en cuenta por el resto de mi vida. Por ejemplo, mirar atrás discretamente, observar el lenguaje corporal de quien se acerca a mi espacio, enfocar mi atención en los puntos débiles de la anatomía de las personas, y así, otras tantas técnicas de conducción evasiva y cuándo usar —o no—, un arma para defenderme.

El tema de las escoltas no le gustaba mucho a mi padre, aunque entendía la necesidad de ello, él era un alma libre, como yo. A mi madre, por el contrario, le agradaban. Pienso que la hacían sentirse especial.

Una vez en Miami en casa de mi tío político, donde tuve que ir cuando aquello que no entendí bien sucedió, y tuve incluso que adoptar un nombre ficticio, la cuestión hizo más sentido. Mi tío político era un cubano casado con la media hermana de mi padre, al que le apodaban "Moro" y una tarde salimos de paseo.

—Ves ese hombre que está en la esquina —me preguntó Moro al observar de reojo a un individuo con chacabana y puro en los labios—, ¿lo has visto antes?.

—No —le respondí.

—Ese te cuida mientras estés aquí con nosotros.

—Oh... —atiné a decir un poco sorprendida.

Y así supe que durante todo el tiempo, en aquella época y aún hoy, lo supiese o no, contaba con ángeles guardianes, algunos entre penumbras y otros a las claras, como agentes disuasivos a cualquier intento que pudiese debilitar la posición de poder de mi padre, quien se desvivía por su niña linda y era capaz de dar la vida por mí.

Jacobo Majluta, presidente del Senado, durante toma de posesión presidencial de Salvador Jorge Blanco, Santo Domingo 1982.

La famosa campaña presidencial de 1986 fue muy violenta, tanto por los intercambios verbales y públicos, como por los enfrentamientos armados. El resultado, en líneas generales, está expuesto en los anales históricos del partido y en los del Archivo General de la Nación. Peña Gómez, animado por el puesto desempeñado durante cuatro años como Alcalde de Santo Domingo, se lanza a precandidato presidencial por el PRD, pero mi padre le gana en buena lid y con un saldo importante de heridos en ambas facciones contrapuestas. Una vez se lanza a la campaña presidencial, mi padre se enfrenta a Joaquín Balaguer, con el lastre de los escándalos previos y el desgaste de un partido en el poder durante ocho años consecutivos. Él lo tenía muy claro, tenía viento en contra, y nos lo hacía saber, ominoso, pero siempre esperanzado, energético, bragado y peleador.

Ejemplo de ello fue puesto de relieve en la mecánica de las caravanas políticas que se desplazan en vehículos de un punto a otro de la geografía nacional, donde se alentaba a los prosélitos en los lugares donde se tiene favoritismo y se arengaba con promesas hueras en aquellos predios donde no se está bien visto. La mala fe, en forma de campañas sucias que airean los "trapos al sol", es cosa común en este ruedo, tanto como el cinismo y la charlatanería de algunos proponentes, no todos. Es una cuestión de mantener los bastiones donde los votos están más o menos asegurados, y a fuerza de billetes de banco, comprar el de los indecisos en provincias y municipios que difícilmente se vuelven a visitar después de las campañas.

La crisis social y económica era muy evidente, prolongados períodos sin electricidad en todo el país, mercado negro,   colas para comprar combustibles y productos de primera necesidad, deterioro generalizado de las infraestructuras de servicios ciudadanos, huelgas y disturbios, incremento de los viajes ilegales y fuga masiva de cerebros ocurrieron en ese cuatrienio desde 1986 a 1990.

El asunto es que a mis diecinueve años yo estaba contaminada con el fervor político y apoyaba a mi padre como podía, básicamente dándole ánimo, masajes en el cuello y rascándole la cabeza como a los pericos cuando llegaba muerto de cansancio. Me interesaba el jolgorio de las caravanas y siempre le pedía permiso para acompañarlo, en algunas, aquellas que coincidían en la ruta con bandos contrarios, él me lo prohibía, a pesar de mis pataletas y protestas encendidas.

Al principio de campaña sucedió una anécdota jocosa, que definía bien las ocurrencias de mi padre.

Un viernes le pregunté:

—Papi, ¿dónde es el recorrido mañana?

—Villa Altagracia hasta Navarrete ida y vuelta —me respondió.

—Quiero ir —le dije, zalamera.

—Salimos a las ocho de la mañana —dijo, un poco ausente, mientras hojeaba un manojo de papeles.

Pues de ida todo aquello transcurrió divinamente, sin problemas, pasamos por las ciudades norteñas de Bonao, La Vega, Santiago y sus periferias, donde la algarabía, los convites y el bandereo, resultaban muy alentadores y nos llenaban de energía y júbilo. A eso de la diez de la noche, todos agotados, sobre todo mi padre, aunque lo disimulaba bien, volvíamos a la ciudad en una furgoneta Volkswagen prestada por uno de los donantes de la campaña. El vehículo estaba muy bien equipado, varios asientos, mesita plegable de trabajo, bar al fondo, un pequeño baño y un closet con la ropa de mi papá, pues sudaba tanto en cada discurso y luego lo abrazaban centenares de personas, que tenía que cambiarse al pasar cada pueblo.

Esta vez iban delante el coronel a cargo de la escolta y de nuestra seguridad personal, el chofer vestido de civil y otro militar, también en ropa de calle, designado como barman para la ocasión; mi madre, mi padre y yo en los asientos de pasajeros.

La caravana tenía su orden determinado, delante nuestro un auto con escolta y detrás también, comunicados por radio todo el tiempo, así como un auto de avanzada que reportaba los lugares donde estaban los grupos de personas esperándonos, cuántos eran más o menos, a ver si papá se decidía por saludar a través de la ventana, bajarse a abrazar y estrechar manos, o a discursear a fondo.

Pues a mi padre esta vez no le importaba que hubiesen tres gatos con bandera blanca o sin ellas. Siempre decía que sí, que pararan para bajarse y saludar. Mi madre y yo, en diversos momentos de exasperación nos preguntábamos por qué habíamos venido, desesperadas por aquella procesión lenta como la melaza. Y mi padre tan campante, con mucha voluntad y ánimo inquebrantable.

Nuestro sentimiento era más fuerte aún, ya que él y la escolta eran los autorizados a salir, nosotras dos nos quedábamos con el barman y el chofer, mientras afuera se armaba la batahola, el griterío histérico de las mujeres que se desvivían por su apostura y lo apretujaban, lo amasaban como a un pan y ellos un bolillo humano, le metían papelitos con pedimentos en los bolsillos, en fin, en ese momento él era en esta isla más grande que una estrella de rock en Inglaterra.

El barman, cuando era solicitado, le pasaba a mi madre su cóctel y a nosotros refrescos de soda, una toalla, o la muda consistente en camisilla sin mangas y chacabana blanca de rigor y además le ayudaba a acicalarse.

En una de las paradas de vuelta a la ciudad, mi padre entra a la furgoneta completamente mojado y con un olor intenso a alcohol fermentado.

—¿Y qué fue, Jacobo? —le espetó mi madre, cansada y ya de mal talante.

—¡Oh, como cuatro cervezas que me han tirado arriba unas mujeres dizque para la buena suerte! ¡Vámonos de aquí, coño!

—Tú no querías pararte, coge ahí —le dijo mi madre, de repente divertida y asida a su vaso de cóctel.

Pasó un rato de camino donde mi padre respiraba agitado y se frotaba los párpados.

—¡Échenme agua en la cabeza y en los ojos, que me pican como el carajo!

Yo le pasé una toallita por la cara y el barman se ocupó de acicalarlo de nuevo, hasta que por la radio avisa el grupo de avanzada:

—"Un buen grupo con banderas blancas a tres kilómetros".

—¿Nos paramos, jefe? —pregunta el coronel.

—¡Ay no! —dijimos mi madre y yo al unísono.

—Oh, pero claro, ¿ustedes saben acaso desde qué hora esa gente me está esperando? —enfatizó él.

Como nuevo, se bajó con la escolta y se entremezcló con el montón de personas que le recibieron con gritos y consignas del partido. Esta era la sal de la tierra, las bases del partido, hombres y mujeres de campo con ganas de percibir cambios profundos en medio del olvido que procuraban las grandes urbes y los compromisos que se acumulan mientras pasa el tiempo. Para él, era un privilegio recibir ese calor de los compañeros políticos y simpatizantes.

Dentro de la furgoneta yo no aguanto más y estallo:

—¡Dios mío, pero es que no vamos a llegar nunca! ¡Por qué no me quedé!

—Pero tú lo conoces, tu papá no se cansa —dijo mi madre.

—La verdad es que el jefe aguanta, sí —dijo el chofer.

—Se acabaron las camisas limpias —indicó el barman.

—¡Qué bueno! —suspiré yo.

—¿Y tú crees que eso le importe? En la próxima seguro que también se baja, aunque apeste —adelantó mi madre, conocedora de los ejes de su carreta.

Entra mi padre, vuelto sebo, y le dice al barman:

—Sáqueme todos esos papeles que me metieron en los bolsillos y pásame otra camisa.

La chacabana de cuatro bolsillos estaba repleta de pedimentos.

—Se acabaron las chacabanas limpias Jacobo —le dice mi madre.

—Pues la que esté menos sucia entonces —riposta él.

Yo me doy con la frente, despacito, contra el vidrio de la ventana de la furgoneta, mientras el barman se apresta a sacar lo que han metido en los bolsillos.

Luego de extraer pilas de papelitos con nombres y cédulas de identidad donde los simpatizantes, y los vivos de paso, explicaban sus casos y solicitaban ayudas, el barman extrae con los dedos como si fueran pinzas unas bragas rojas, aromatizadas en su jugo y medio deshilachadas: el homenaje de la noche.

—¡Buenooo, se complicó la cosa! —dije yo, con el ojo puesto en la cara sorprendida de mi madre.

—¡Yo quisiera saber quién fue la fresca esa! —dice ella, al borde de explotar de la risa.

—Y rojas además, jefe. Esa era del partido reformista, infiltrada —agrega el coronel, dispuesto a echar leña al fuego.

—¡Coño sí! ¡Si por lo menos fueran blancas y con el "jacho prendío", no te digo! —riposta mi padre, dispuesto ya, a aquella hora de la noche, a regalarse una chanza—. ¡Bota esa pendejada por la ventana y lávate las manos con alcohol, quien sabe si esa vaina estaba sucia y eso es un atentado!

Todos nos relajamos con una buena carcajada con ese cierre de caravana a la zona norte, que terminó a las tres de la madrugada, cuando nos fuimos a la cama, ya en casita.

Cualquiera diría que luego de esa experiencia desarrollaría aversión por las caravanas, pero no. Cabeza dura como era, una vez, ya casi al final de la campaña, se había planeado otro recorrido cerca de la zona del balneario de Boca Chica.

—Papi, quiero ir en esa caravana —le pedí.

—A esta no, Consuelito, se habla de que va a estar complicado, dicen incluso que me van a hacer un atentado, para que lo sepas. Mejor vas a la próxima, que es la última y la más grande, el cierre de campaña, ahí te quiero conmigo —me respondió.

Combiné con mi madre, que en esas cosas de llevarle la contraria a mi papá era muy cooperadora, y ella estuvo de acuerdo. Me fui en uno de los automóviles de campaña con tres amigas y dos militares y aquello rezumaba un sentimiento muy fuerte, las filas de ciudadanos vociferando, las pancartas, los anuncios políticos, los discursos, los lugares ignotos para mí. Hasta que sucedió lo previsible, en un cruce de camino con una caravana opositora del PRSC que lideraba el senador Jacinto Peynado, de los insultos se pasó a los tiros con armas de todo calibre, pistolas, revólveres, escopetas y ametralladoras. Los escoltas nuestros también empezaron a disparar y el fuego cruzado era ensordecedor.

Uno de ellos gritó:

—¡Agáchense que no podemos salir, tenemos carros delante y detrás!

Y mis amigas y yo, acurrucadas como conejitas en los reposapiés. No podía dejar de pensar en lo que mi papá —a quien los subordinados le decían "Jefe"— tan certeramente me había advertido.

—¡Jefe, la número tres, está aquí con nosotros! —avisó uno de nuestros militares por la radio.

Apenas un par de minutos después, entre detonaciones, viene mi padre en medio de su nutrida escolta, asoma la cabeza en el vehículo y nos dice con voz calmada:

—¿Ustedes están bien?

Sus guardaespaldas le apuraban para que se fuera de allí.

—¡Jefe, vámonos! ¡Esto se está poniendo peor! —le decían, agitados, con las armas prestas y una que otra respuesta a los disparos contrarios.

Él impávido, nos miraba, mientras cavilaba en cómo proceder. Yo le veía y no podía creer su presencia de ánimo, su valentía frente a una situación donde todo el mundo estaba de los nervios y él impasible.

—Abránle paso a Consuelito —dijo finalmente.

Y el grupo de hombres, acostumbrados a recibir órdenes específicas, se dispersó enseguida dando instrucciones a los choferes de que nos abrieran una ruta de escape.

Con lágrimas en los ojos, le imploré a mi padre:

—¡Ven, ven conmigo aquí! ¡Móntate aquí!

El me ignoró y se dedicó personalmente a abrir el paso entre la maraña de vehículos, olor acre a pólvora y fogonazos.

Ya en casa y mis amigas en las suyas, una media hora después, llegó él rodeado de su círculo. La casa estaba atiborrada de personas dentro y fuera, el ambiente caldeado y vengativo. Lo primero que hizo fue subir a mi cuarto a ver como estaba:

—¿Estás bien? —me dijo, sin reprimenda, con un amor infinito de padre amable.

—Sí, papi. ¿Y tú?

—Bien. Ahora bajo a una rueda de prensa, después hablamos —dijo, con el índice levantado, señal de que repasaría con él la dura lección sobre la obediencia.

Los escoltas empezaron a filtrar el paso, solo entraban personas clave y periodistas autorizados, pues se realizaría una rueda de prensa para informar lo acontecido.

—¡Abran la puerta, dejen entrar a todo el mundo a la casa! —ordenó desde la sala.

Trajeron a uno de los heridos dentro, fuera había otros que fueron transportados al hospital; y mi padre, con aquella templanza, se ocupó de relatar los hechos y a poner orden dentro del caos generalizado. Era todo un líder.

En la fecha de elecciones el 16 de mayo de 1986, los rumores campeaban por sus fueros y se decía que Salvador Jorge Blanco quería congraciarse con el candidato opositor, Joaquín Balaguer, con el propósito de conseguir prebendas e impunidad al boicotear a mi padre y al partido. Aquello estaba fundamentado, incorrectamente, en la fuerza de la inquina. El próximo expresidente pensaba que mi papá lo haría preso por sus documentadas y formidables meteduras de pata.

Cosa que sí hizo el presidente Balaguer.

Mi padre, sin embargo, se expresó así sobre ese tema:

—«Salvador lo va a pagar solito, no seré yo quien le pase la factura».

Jacobo Majluta, foto de campaña, 1986.

Jacobo Majluta, discurso y actos de campaña presidencial, 1986.

Jacobo Majluta y José Francisco Peña Gómez en acto de campaña,
Santo Domingo, 1986.

GAMAS DE GRIS

El gris se asocia a una vida incolora, a una existencia desprovista de objetivos, a la ausencia de moralidad o de transparencia, a la vida bucólica y a los nubarrones que anteceden a la tormenta. Pero también se asocia al intelecto y a la elegancia, a la formalidad, la melancolía y a los residuos del fuego extinguido, a la edad, al paso del tiempo.

Es por ello que Consuelo destapa el tubo de pintura acrílica y esparce bastante de su contenido sobre la paleta; y es por las experiencias vividas que también se lo piensa antes de incidir con el acromatismo sobre el lienzo, pues se siente densa, ensombrecida, apenas tocada por la luz.

Gris. Muy gris, absolutamente gris.

Una tras de otra y otra vez, la persigue de cerca la muerte, la parca con su manto de sombras en bandolera, la ladrona de los seres y el carruaje de las almas, la balsa misma de Caronte.

Suspira y accede a la mixtura, lasca sobre lasca acepta y consiente. Inicia el viaje más doloroso, la tragedia de otros que es la suya misma, el dolor de los demás, que es el propio.

Todas las encuestas lo daban como ganador en 1986, y en realidad estuvo muy cerca de haberlo sido, al contar con una extraordinaria campaña, muy exitosa en todos los órdenes, donde se cuidaron de manera rigurosa los detalles publicitarios y de imagen. Esa campaña estuvo dirigida por Claudio Chea, gran amigo de la familia, y secundado por Elías Muñoz y Henriette Wiese, quienes a veces almorzaban con nosotros en los afanes de crear una propuesta ganadora. Mi padre insistía en que hubo fraude y otras voces decían que no. Él propuso demasiado tarde un reconteo de votos que fue denegado, pataleó hasta que se puso afónico, y ya sin importar quién, o qué, o cómo, o cuánto hubo de por medio, a fin de cuentas fue una derrota inesperada y con tufillo a componenda en Washington.

De ahí en adelante lo embargó el desánimo y la tristeza. Nos fuimos a Miami a descansar en familia y yo lo atrapaba muchas veces mientras miraba el techo, introspectivo, meditabundo, con intenciones de rearmar su frente. Luego de que Peña Gómez lo expulsara del partido en 1987, y a pesar de que un tribunal electoral declarara esa decisión ilegal, las cosas no fueron las mismas. Decidió hacer igual que Juan Bosch y formó su propio partido independentista (PRI) en 1989, a cara de las elecciones de 1990, ya que contaba con que muchos de los que se decían sus grandes amigos montarían tienda aparte con él. ¡Oh sorpresa!, los susodichos fieles no fueron tan incondicionales y se quedaron en el PRD, pero siguió adelante a pesar de la borrasca hasta lograr levantar un siete por ciento del electorado con una organización incipiente, en el lapso de un año.

Mientras mi padre preparaba su nuevo entramado político, yo me quedé a estudiar inglés en la Universidad de Miami y fue una experiencia que me marcó para siempre.

En Florida lo que menos se hizo durante esos meses fue aprender a hablar inglés. Se gozó, se disfrutó cada momento de libertad, sin escoltas engorrosas sin preocupaciones de ningún tipo. Mis padres me acompañaron a alquilar el apartamento, y junto a mis dos primas, estábamos a nuestras anchas. Las noches de Miami eran turbulentas y exhilarantes, se bailaba a diario en las discotecas de moda.

En una de esas ocasiones se acercó un hombre unos quince años mayor que yo a sacarme a bailar y desde que lo vi me quedé prendada de él. Había llegado a la ciudad hacía unos meses junto a su hermana y según él, estaba divorciado. Los hermanos habían abierto una tienda de objetos típicos de Brasil, de donde provenían, lo cual me pareció muy bien y quedamos en que la visitaría.

A eso de las tres de la mañana se fue con mi número de teléfono y comenzamos una tórrida relación, por entonces mi curiosidad sobre el sexo estaba en su punto más alto y él siempre se mostro muy respetuoso aunque ardiente a la vez. Después de tres meses juntos, viéndonos todos los días, le dije:

—Quiero perder la virginidad contigo.

Él, viéndome como me veía, una jovencita de diecinueve años, aceptó encantado, no sin antes observar:

—Lo quiero más que nada en el mundo, pero si cambias de opinión de aquí a mañana, también lo entiendo.

Le amé como a nadie desde ese momento; y aún pienso en él como lo más lindo que me ha pasado, aunque también por lo trágico.

Reservé yo misma una habitación de hotel en la autopista US1, fui a dadeland Mall y compré interiores muy sexy de color negro, le llamé y le dije que estaba lista. Muy nerviosa y asustada en realidad, hasta que cruzó el umbral donde yo le esperaba en pose de maja u odalisca, sobre la cama.

Él se quedó muy impresionado con lo que veía y aún tuvo fuerzas, entre visos de mucha excitación, para expresar un último intento caballeresco:

—Consuelito, esto puede quedarse así. Si no estás segura yo lo entiendo y nunca te he insinuado...

Yo me abalancé sobre él sin dejarle terminar la frase y me entregué en cuerpo y alma. Me sentía feliz, enamorada. ¡Era una mujer que le pertenecía a un solo hombre! Uno que me enseñó con extraordinaria paciencia y exquisitas destrezas, las cuatro letras del vocablo amor.

Al poco tiempo llegó Navidad y tuve que venir a la isla, pero él me llamaba todos los días para saber cómo estaba. No me atreví a decirle nada a mis padres al entender claramente que un hombre mayor y divorciado no iba a ser algo fácil de digerir y me harían volver definitivamente. Durante esas conversaciones melosas por teléfono él repetía que tenía algo que decirme.

—Aquí te explico, mirándote a los ojos —insistía.

Y yo, muy mosca, trataba de sonsacarle algo:

—¿Pero qué es? ¿Estás bien? ¿Es tu hermana, el negocio?

Pero nada, mutis total.

Hasta que por fin, en ascuas, regresé a Miami un día siete de enero y él me esperaba en el aeropuerto con flores y chocolates, lo cual me tranquilizó un poco, pero no mucho.

Cuando estuvimos tranquilos y después de hacer el amor apasionadamente, hizo la confesión:

—Hace unos años tuve cáncer en la sangre, leucemia. Estuve en tratamiento de médula ósea por dos años hasta que estuve limpio, pero vengo a Miami a hacerme análisis cada seis meses. Antes de que te fueras a Santo Domingo, los resultados arrojaron un nuevo brote de células cancerígenas y tengo que volver a tratamiento. No quiero que te toque esto en tu vida, he decidido separarme de ti, vuelvo a Brasil a tratarme y será la última vez que nos veamos.

El mundo se me vino abajo, él no quería que me tocara ver a alguien consumido por esa terrible enfermedad. Y vaya que me tocó.

Supliqué como nunca, le pedí que me dejase acompañarlo, vivir a su lado sin importarnos nada, que estaba dispuesta a enfrentar a mis padres aunque fuese sin casarnos.

Él volvió a negarse rotundamente y fue la última vez que le vi. Volví varias veces a la tienda de su hermana a implorarle y ella me contaba mentiras, que había ido a Brasil, que era un terco, que nadie cambiaba sus decisiones, en fin, que todo el tiempo mientras esto sucedía, él agonizaba en Miami y yo sin saberlo, en babia total.

Regresé a Santo Domingo hablando más en cubano y brasileño que en inglés, y meses después aproveché un viaje rápido de mis padres a Florida, me subí al avión con ellos y volví a visitar la tienda de su hermana. La encontré vestida de luto, y entre lágrimas copiosas, me dijo:

—Yo sabía que volverías. Él te adoró, tenía planes contigo. Solo hablaba de recuperarse por completo para volver a buscarte, incluso mencionó el matrimonio... murió hace un mes. En paz, conmigo y con mi madre, aquí en Miami.

¡Maldita enfermedad!, el hombre que amaba y por el cual estaba dispuesta a enfrentar lo que fuese, estaba muerto.

Mi padre se fue consumiendo en los esfuerzos políticos, en hacer crecer un nuevo partido, en tratar de apartar la cizaña de la tierra arable, ocupándose él mismo de casi todo, estructurado y disciplinado como era.

En 1990 fue a elecciones y perdió nuevamente frente a la maquinaria eleccionaria y los abundantes recursos de campaña desplegados por Joaquín Balaguer. En ese momento, a pesar de ser derrotado por segunda vez, seguían encendidos sus motores y en los ojos brillaba aún la esperanza de corregir el país en la manera que lo había escrito en su ideario:

«La corrupción tiene muchas formas. La corrupción no siempre es fácil de evitar y lamentablemente, muchas veces, aún descubierta, es difícil de castigar»...

«Otro tipo de corrupción, de las más graves, es el de aquellos que aceptan cargos que no pueden ocupar, que no pueden desempeñar, hombres incapaces de leer, de analizar y de interpretar un Estado Financiero y que sin embargo aceptan dirigir emporios estatales... cosa tan inmoral como que yo aceptara, siendo contador y economista, llevar a cabo una intervención quirúrgica a un paciente moribundo».

Las lecturas de su ideario eran frecuentes, lo revisitaba como a si fuese un libro sagrado donde abrevar cuando se está sediento de conceptos.

Peña Gómez, quien había conseguido ser el candidato del PRD tras la salida de mi padre del partido, quedó en tercer lugar en los comicios, por debajo de Joaquín Balaguer por el PRSC y aliados, y Juan Bosch. por el PLD.

En 1994, el PRD se sentía renovado, pero la campaña presidencial fue de nuevo muy violenta y en extremo sucia, salpicadas además por unas elecciones en que el margen del ganador era muy estrecho y se enarbolaba la consigna del fraude, padrones duplicados, urnas desaparecidas y votantes con cédulas de personas fallecidas. Y así, en esa tesitura, Balaguer vuelve a ganar, esta vez a Peña Gómez, quien llama a huelga general y es secundado por personalidades y agrupaciones extranjeras. Como medida salomónica, Balaguer declara qué, luego de siete períodos presidenciales en su haber político, solo cumpliría un período de dos años como presidente de la República, hasta 1996. Una situación en extremo inusual.

En 1991, un año después de que mi padre perdiera las elecciones, me casé, pero yo seguía siendo la niña linda de papi, así que comíamos en la casa paterna todos los días y cenábamos en la mía.

—Consuelito, hazme unos espaguetis rojos como me gustan, por favor —me decía a veces.

Si bien era de gustos sencillos y fácil de complacer, era un glotón y un goloso, le gustaba todo en demasía. Una tabla completa de embutidos, tres servicios de postre y así. Y luego a plantarse en la balanza a ver cuántas libras de peso había subido, al igual que yo, lo confieso.

Descubrí más tarde su verdadero y generoso amor hacia mí al nacer mi primera hija en 1992. En ese momento van a verme mis padres a la sala de maternidad de la Clínica Abreu, yo aún aquejada de fuertes dolores por el esfuerzo de parto.

Mi madre entonces me pregunta:

—¿Y qué tú sientes?

—¡Oh, mami! ¿Y tú no te acuerdas cuando me pariste?

Se hizo un silencio sepulcral y creo que mi padre tumbó un vaso de agua de la mesita de noche a propósito. El inesperado charco en el suelo, le permitió a mi madre salir al pasillo a buscar al personal de limpieza, cosa rara en ella. En ese justo momento me trajeron al bebé y me olvidé de la pregunta al ver a la hermosa princesita, la primera nieta a quien él le decía "mi muchachita" y quien lo convirtió en un perfecto consentidor. La única que podía subirse en la cama y halarle de los pelos sin que le cantaran treinta días de arresto a pan y agua.

En 1995 nace mi segundo hijo y es cuando, luego de estar unos dos meses con tos de fumador continua, empezó a escupir sangre y no dijo nada a nadie. Cuando ya no pudo más y descartó que aquello no era más que una fuerte gripe, se hizo una cita con un neumólogo que de inmediato le recomendó ir a hacerse análisis especiales fuera de la isla, pues aquello no se veía bien y podría ser una bronquitis crónica, tuberculosis o cáncer.

A la vuelta del viaje donde fue con mi mamá y mi marido, reticente, fue a verme a casa y me dijo entre lágrimas:

—Consuelito, me diagnosticaron cáncer pulmonar.

Yo, con mi natural positivismo, le respondí:

—Ah, papi, tú eres muy fuerte, sales bien de esto. Pon de tu parte y verás que sí.

Fue a Florida y empezó su tratamiento de quimioterapia, algo desconocido para nosotros en ese tiempo, y en diciembre empezaron los problemas, una septicemia, o infección en la sangre. Él quiso, temiendo lo peor, que fuera a Tampa, ciudad en que le trataban como paciente en el Moffitt Cancer Center, establecido en 1986, y donde ya desde 1994 se realizaba un activo proceso de investigación sobre la terrible e invasiva enfermedad.

Fui a verle con mi prima Sonia Villanueva y allí me encontré con la familia en pleno, entré a cuidados intensivos después de que me prepararon un poco para lo que venía. Ya dentro, no le vi, y cómo podía, pues no era ni la mitad del hombre robusto y energético que había conocido toda mi vida. En vez, me encontré con alguien al que los fármacos y las células anormales habían convertido, en un plazo de tiempo en extremo corto, en su fantasma. Le hablaba pero no me escuchaba; imploraba, pero no recibía la paz necesaria ni la presencia de ánimo para transitar aquel duro momento.

Pasaron cuarenta días en aquel difícil trance, en el hospital nos habilitaron una pequeña salita con dos sillones fuera de la unidad de cuidados intensivos. Amanecía con él, con todos aquellos tubos e indicadores a que estaba conectado, sobresalto tras sobresalto con los pitidos indistintos y las enfermeras que entraban y salían como exhalaciones.

No puedo olvidar a un joven de unos dieciocho años que estaba en coma y me impresionó su estado, un día salí de ver a mi padre y ya no estaba, solo su cama vacía, había muerto. Aquel hospital me dejaba con una sensación ambigua, no sabía si era el destino final o un lugar de recuperación.

Ese temor volvió a agudizarse cuando mi padre salió de su estado de gravedad inicial y a pesar de las arduas sesiones de terapia con una especialista que no cesaba de hablar durante los cuarenta y cinco minutos en que trataba de restablecer su adolorido cuerpo. De allí lo sacamos con un andador, muy débil, a una casa que se compró en Tampa, con las instrucciones expresas de que no fuera en un vecindario latino y menos donde residieran dominicanos. Eso allí resultó imposible, y efectivamente, una vez salimos juntos a tirar la basura y se presenta un vecino, que más criollo no podía ser.

Se le pidió discreción y se despidió afablemente. Supongo que a la media hora toda su familia, amigos y conocidos, sabían que Jacobo Majluta vivía en la casa de enfrente y que no se veía muy bien de salud.

A los pocos días de aquel encuentro volvió a subirle la fiebre, yo me quedé con mi hija en la casa pues no tenía quien la cuidara y no quería que estuviese en aquel ominoso ambiente de hospital. Él se subió al auto con la mirada triste, se le reflejaba el miedo en la cara y nos dedicó un breve adiós.

Como son las cosas misteriosas del destino, en un último palpo de generosidad, mi padre en su lecho de muerte limó las asperezas con Peña Gómez. A pocos meses de las elecciones de 1996, apoyó su candidatura, la cual ganó en primera vuelta pero sin la mayoría requerida. En segunda vuelta perdió la presidencia por estrecho margen ante Leonel Fernández, el candidato del Partido de la Liberación Dominicana, fundado por Juan Bosch, quien en ese entonces ya tenía ochenta y seis años.

Al poco tiempo entró en coma, sus órganos empezaron a fallar, invadido por el cáncer, estaba muy hinchado por la retención de líquidos y en un momento me dije: «ya no entro más a verlo». Para mí, aunque respiraba con ayuda de aparatos, ya se había ido y mi cabeza estaba resuelta, apesadumbrada. Aquello había sido una verdadera prueba que drenó todas mis energías y las del resto de la familia allí presente. Fui a la pequeña capilla del hospital y allí oré por él, por su alma.

Nos preguntaron si queríamos desconectarlo del pulmón artificial y nos negamos. El paso a la muerte transcurrió lento y una gran cantidad de personas, partidarios, amigos y allegados, pasaron a confortarnos, hasta que el día dos de marzo de 1996 falleció, a sus sesenta y un años. Curioso, dos años más tarde Peña Gómez también moría de cáncer pancreático, justamente con la misma edad.

El presidente del Grupo Financiero Popular, don Alejandro Grullón, tuvo la gentileza de enviarnos un avión para nosotros y el séquito, que acompañaríamos la vuelta de mi padre a la isla. Me tocó sentarme en la cabina en el lado izquierdo justo cuando depositaban su ataúd en el compartimiento de carga, cubierto por la bandera dominicana y me puse a llorar a mares, empeñada en esconder aquellos sentimientos que afloraban de manera tan intensa cuando mi madre estaba cerca. Ella estaba muy triste, como es natural, y me dediqué a hacerle compañía todo el tiempo para que no se sintiera tan sola. Con el paso de los años, sin embargo, entiendo que nadie sustituye a nadie y que todos debemos manejar nuestras pérdidas de manera individual.

Ya en Santo Domingo, las muestras de cariño masivas del pueblo, durante su paseo protocolar por el palacio y el senado, me causaron mucha impresión, había sido querido y apreciado por muchos, más de los que había imaginado.

Jacobo, Consuelo Elena y Ana Elisa, foto de boda,
Santo Domingo, 1991.

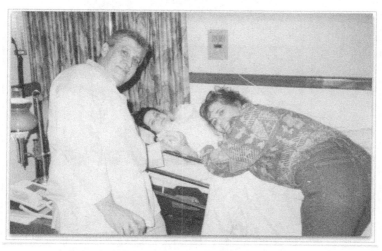

Jacobo, Consuelo Elena y Ana Elisa, proceso de maternidad, Clínica
Abreu, Santo Domingo, 1992.

Jacobo, diagnosticado con cáncer de pulmón y debilitado por la quimioterapia, comparte con Ana Elisa, Consuelo Elena y María Consuelo en Bush Gardens, Tampa, USA, 1996.

Jacobo con su nieta María Consuelo y Fernando Miguel Villanueva
Casa de Campo, La Romana, 1994.

Consuelo Elena, visita a Jacobo en el Moffitt Cancer
Center, Tampa, USA, 1996.
Derecha:
Consuelo Elena y su hija María Consuelo, viaje aéreo a
Tampa, USA, 1996.

Casa familiar Majluta-Villanueva, Tampa, USA, 1996.

Mi madre, que ahora fumaba más que nunca, se refugió en su trabajo y en los nietos, una mujer recia como era, llevaba su luto por dentro, con mucho garbo y temple. Ella siempre quiso tener una casa en el enclave de Casa de Campo, en La Romana, pero mi padre siempre se opuso porque pensaba que como político, eso no iba a ser bien visto.

Un año después de la muerte de papá, en 1997, poco antes de mi cumpleaños número treinta, mi madre se compró su casa allí para cumplir su sueño dorado y vacacionar cerca de algunas de sus amistades muy queridas, pero el destino nos guardaba agoreras sorpresas.

En la primera visita que hice a la nueva casa mi madre me llevó a su habitación, sin mediar explicación se quita la blusa y me muestra su axila:

—Mira lo que tengo aquí, mi hija —dijo.

Era una masa protuberante que se notaba bastante y pensé para mis adentros que aquello podía ser cáncer de mama, pues me había dedicado a leer bastante sobre la enfermedad desde que diagnosticaron a mi padre.

—Eso no es nada, mami, parece un quiste, vamos a hacerte una cita con el oncólogo para quitarnos las dudas —atiné a responder con un nudo en la garganta y la agobiante experiencia por la que acabábamos de pasar el año anterior.

El lunes siguiente fuimos a donde el médico que había previsto la enfermedad de mi padre, el doctor Segura. Le hizo algunas preguntas que se respondieron muy a la ligera, pues ella destilaba temor y desconfianza. Se hizo la biopsia:

—Váyase tranquila —dijo el doctor—, no creo que sea nada grave —agregó.

Con aquellas palabras me calmé un poco, pero esa falsa seguridad se diluyó cuando llamó la secretaria del consultorio para solicitarnos volver, sin querer adelantar nada.

De manera muy educada, el doctor Segura nos dijo:

—Hemos encontrado células cancerosas en el análisis.

Mi madre estaba lívida.

—¿Qué podemos hacer? —repliqué, con el corazón en la boca.

—Si quieren viajar fuera para confirmar mi diagnóstico... —adelantó él, que sabía perfectamente por lo que habíamos pasado.

—Bien, pero yo quiero tratarme aquí, con usted, cerca de mi familia —sentenció mi madre.

Mi tío Fernando Villanueva se empeñó en buscar el mejor hospital en Estados Unidos con especialidad en cáncer de seno y nos decidimos por buscar una segunda opinión en el Memorial Sloan Kettering Cancer Center de New York.

Con citas espaciadas y unas esperas muy largas que dan significado completo a la palabra "paciente", nos tomó cuarenta días ratificar el diagnóstico hecho en República Dominicana. Como parte del proceso se hizo también una cita ginecológica, pero mi madre me dijo:

—Consuelito, a esta cita voy con tu tía, no tienes que venir con nosotras.

—¿Por qué? Si yo he estado en todo contigo —le reclamé.

Pero ella insistió y no quise contradecirla. Mi impotencia y desaliento eran extremos, lloraba a solas, para que no se diera cuenta de cómo me sentía. Debía ser la parte fuerte, la que le diera ánimo para seguir adelante.

Madre al fin, sin serlo biológicamente, percibió mi desesperanza:

—Mi hija, seguro que te hacen falta tus hijos, ¿por qué no te vas mañana a Santo Domingo y yo me quedo aquí con tu tía?

Yo me contuve y le dije:

—No. Yo no te dejo, no es nada, quizás hoy me siento un poco triste, pero te prometo que la pasaremos bien.

Y así fue, entre disimulos y artificios, además de la llegada de tío Fernando, mi marido y mi hija, se pasó a duras penas el trago amargo del diagnóstico final: cáncer incurable en estadio 4, muy avanzado.

Regresamos a Santo Domingo y se iniciaron los preparativos de tratamiento, el doctor Segura venía a la casa a aplicarle la quimioterapia, siempre indicando:

—Por favor, salgan de la habitación, algunos de ustedes podría hacerse inmune al procedimiento —y añadía —, probablemente yo ya lo estoy.

El proceso duraba unas cuatro a cinco horas, y al terminar, con el cuerpo cansado, se tomaba la botella de vino que descorchábamos para él y se ponía a hablar sobre automóviles con mi marido.

Pasaron seis largos meses en esa mecánica médica, volvimos a Miami a indagar si existía algún método nuevo de tratamiento, o si podíamos hacer algo más que detuviera el proceso de la enfermedad.

Al séptimo mes mi madre estaba ya incoherente, no me conocía y hablaba cosas sin sentido, su cabeza confundida retenía más las memorias de largo plazo que los recuerdos de sus últimos años, derivaba de su niñez a su adolescencia, envuelta en la vorágine de tiempos idos.

Me tocó, en ese ínterin, volver a Miami a renovar mi licencia de conducir y para eso me acompañó mi tío Moro, el cubano casado con una hermana de mi mamá. Él iba conduciendo y yo en el asiento de pasajero a su lado, cuando soltó el fogonazo que me dejó turulata, aunque no lo dejé entrever de inmediato, mientras mi cabeza procesaba la información que me regalaba, sin anestesia:

—Qué cosa esa Consuelito.

—¿Qué cosa? —dije.

—¡Oh!, que tú no tengas derecho a la herencia de Jacobo porque tú eres adoptada.

Yo me quedo en silencio y le miro.

—Porque tú lo sabías, ¿no? —inquiere de repente, un tanto bronco, mientras sopesaba si había metido la pata.

—No, pero no importa —le respondo.

El resto del camino hasta el apartamento pareció eterno y medianoche en camposanto, mi frente apoyada al cristal lateral del auto y el cuerpo poseído por un gran picor, sobre todo en las manos y los brazos, la garganta seca.

Llegamos al apartamento y me abre la puerta mi prima Sonia, mi madrina de bautismo.

A bocajarro, alterada, la increpo:

—¿Es verdad que soy adoptada?

Sonia se quedó muda, de una pieza, inmóvil.

El tío Moro ni se bajó del auto, raudo, escapó por la izquierda.

—Voy a hablar con tío Fernando entonces —le dije a Sonia y salí hasta el apartamento vecino donde estaban mis tíos.

Cuando salí, Sonia llamó inmediatamente a mis tíos para que estuvieran preparados.

Mi tío abrió la puerta con parsimonia al escuchar el timbre, supongo que ya había hablado con Sonia.

—Oh, muñeca, ¿cómo estás?

—Tío Fernan, vengo a hablar contigo —le dije.

—Claro, ven siéntate —y me llevó hasta la sala. Justo al sentarme, tía salió en ese momento de su habitación y me saludó nerviosa.

—Cuchi, voy a poner un café, ¿tú quieres?

—Sí gracias —le respondí.

Cuando ella se va a la cocina enfrento a mi tío:

—Tío Fernan, ¿es verdad que yo soy adoptada?

Él se puso de pie de inmediato, defensivo:

—¿Y quién te dijo eso, Cuchi?

—Tío Moro, hace un rato.

Mi tío Fernan en principio se negó, honrando el pacto de silencio con mi padre.

—¿Pero tú le vas a hacer caso a Moro? ¡Él habla muchos disparates!

Mi tía salió de la cocina, temblorosa, con la bandeja de café y las tazas, e intervino:

—Fernandito, yo creo que es hora de decirle la verdad.

Lloramos los tres entre sorbos de café tibio.

—¡Ay mi hija, tú fuiste todo para tu papá y tu mamá! —clamó tío Fernando—. Ellos decidieron no decirte nunca la verdad y todos nosotros acordamos eso.

Terminé el café, salí sin decir nada y me dirigí hacia el otro apartamento, donde me esperaba Sonia, que me abraza llorosa.

—Ya me explicaron, lo sé todo —le dije, muy compungida.

—¡Ay Dios, Consuelito, qué momento!

—¿Y mamá?

—Está dormida —me dijo.

Yo me levanté y fui hasta su habitación, me asomé, la vi demacrada y fui a mi cuarto a acostarme sin poder conciliar el sueño. Al poco rato de dar vueltas, inquieta, con la cabeza muy confusa, llena de sentimientos encontrados, llamé a mi marido:

—¿Tú sabías que yo era adoptada?

La respuesta fue escueta:

—Sí.

—¡O sea, todo el mundo lo sabía menos yo!

Él se quedó en silencio al otro lado de la línea y mi mente se puso en blanco, colgué y volví a llorar otra vez durante largo rato, hasta quedar exhausta, rendida.

Otra vez de vuelta en Santo Domingo recibimos la infausta noticia de que no había otras opciones de tratamiento para mi madre y que la quimioterapia aplicada no había detenido el cáncer, que ya invadía por completo su cuerpo.

Cada vez hablaba menos, la mirada perdida y de vez en cuando una enorme sonrisa que no se sabía de dónde provenía pero que nos hacía mucho bien a todos. La llenamos de comodidades en ese difícil tránsito final hasta que volví a reaccionar igual que con la enfermedad de mi padre, decidí no entrar más a la habitación a verla hasta que murió a las dos de la tarde del cinco de abril de 1998.

Con ella se fue el hálito, el núcleo vibrante de fuerza titánica que cohesionaba a las dos personas más importantes en mi vida y quedé huérfana, aunque madre y esposa, pero más que nada, plagada de dudas.

Después de la muerte de mi madre, y luego de ocho largos años de intentos, nace mi tercer hijo —siempre anhelé, cual avecilla oronda, mi trío de pichones—; y a la par, surgió el natural y tesonero esfuerzo por reorganizar el plan de sucesión dentro de todo el tinglado de legajos y poderes que quedaban detrás. Sin dejar de lado, claro, el poderoso influjo por despejar las crecientes incógnitas sobre mi procedencia.

Recomenzar la vida sin ellos dos, sin mis padres, Ana Elisa y Jacobo, acrecentaba mi vacío interior, a pesar de los gozos maternos y las demandas crecientes de mis hijos, que crecían como la espuma.

Me debatía entre seguir los rastros biológicos o no, pues por alguna razón, hacerlo me hacía sentir levemente culpable, desleal a la memoria de mis padres adoptivos. Los cuestionamientos me atormentaban. ¿Por qué me habían dado en adopción? ¿Había ocurrido una violación? ¿Había sido mi madre secreta una adicta a las drogas? ¿Serían mis padres biológicos personajes importantes ahora? ¿Tenía otros hermanos o hermanas? Hasta que al final no pude más y me decidí por perseguir mis orígenes.

Se contactó a la organización denominada Les Centres jeneusse de Montréal, quienes tenían en aquel momento un proyecto piloto para la búsqueda de padres o hijos biológicos, bajo la sombrilla del Ministerio de Salud y Servicios Sociales de Canadá.

Con treinta y cuatro años de edad, el catorce de mayo de 2002, recibí la primera carta formal de parte del servicio de adopción de Montreal, con la información necesaria para establecer los detalles de mi nacimiento.

En esa carta, firmada por Patricia Whalen, por ley, no se establecía en inicio el nombre de mis padres biológicos, pero sí ciertos detalles no confidenciales que arrojaban luz sobre mi procedencia familiar y las condiciones en que nací. También, se abría una puerta en caso de que yo quisiera proceder a una reunión —o reencuentro como le llamaban ellos formalmente—, con mis padres biológicos y los costos involucrados por el servicio. La fecha de devolución de respuesta daba una ventana de un mes para ello.

A través de esas informaciones pude determinar edad, profesión, condiciones de salud de mis padres y abuelos, la cantidad de tíos que tenía, el tipo de relación de mis padres con sus respectivas familias. Así como también fechas importantes, la de consentimiento de adopción por parte de mi madre y cuándo fui aceptada por mis padres adoptivos. El estado emocional de mi madre, grado de educación de ellos y cosas así por el estilo. Sobre mí, obtuve mi primer perfil socio-biológico con nombre original —¡me llamaba Marie Linda!—, fecha, lugar y hora de mi nacimiento y del bautizo, así como un historial médico bastante útil. Por ese registro, por ejemplo, pude determinar en esas iluminadoras páginas que la causa de mi sordera parcial tenía su origen en infecciones auditivas cuando era bebé. Un servicio muy eficiente, completo e informativo, la verdad; y que costó menos de quinientos dólares.

Fui advertida de que el proceso de reencuentro podía tomar a veces hasta un año, si todo salía bien, es decir, si encontraban a mis padres y ellos estuviesen de acuerdo en el reencuentro, todo fluiría correctamente. Por el contrario, de existir alguna objeción de cualquiera de ellos, el proceso terminaría inmediatamente.

La espera me atormentó durante meses, hasta que supe que la habían encontrado y que mi madre biológica —aún sin nombre—, estaba dispuesta al reencuentro conmigo.

El primer contacto se produjo por la vía telefónica, Ivonne Lemus, la trabajadora social de origen centroamericano que se ocupaba de mi caso, hizo las veces de traductora, pues mi madre solo habla francés.

—Consuelo, te presento a tu mamá —dijo Ivonne en perfecto castellano—. Se llama Nicole.

Yo, muy ilusionada, enseguida pensé en que aquel era un lindo nombre. Luego me presentó a mí, como Consuelo, a mi madre. Imagino el efecto en ella de escuchar otro nombre que no fuese Marie Linda, como me había puesto al nacer.

Ella habló entonces en francés, y cuando escuché por primera vez aquella voz fuerte, que rezumaba tanto carácter, me emocioné sobremanera. No me salían las palabras, solo quería escuchar aquella voz por largo rato hasta grabarla de manera indeleble en mi corazón, hasta que permeara mis más íntimas fibras de mujer.

El intercambio telefónico apenas duró unos minutos y al final del mismo, Ivonne intervino:

—Consuelo, ¿cuándo puedes venir a Canadá?

Sin pensarlo dos veces, respondí:

—¡En diez días estoy allá!

—Diez días. Perfecto entonces Consuelo, organizaré el reencuentro entre ustedes.

Me quedé embelesada con el teléfono en la mano, a pesar de que ya hacía tiempo que habían colgado. ¡Por Dios! ¡Había perdido una madre y había ganado otra! ¡Iba a conocer a Nicole, la madre que me parió! Éxtasis total.

Para mí fueron los días más largos de mi vida entera, pensar en ese viaje me daba una alegría inusitada, diferente, en extremo embriagante. Arreglé todo en un pispas, compré regalos para ella y mi hermano —¡tenía un hermano y se llamaba, Yan!— y no paré quieta, insomne total, hasta que llegó el día de despegar en el avión, no importando la claustrofobia, feliz de embarcarme en un viaje totalmente desconocido, nuevo para mí, hacia los brazos de mi madre. ¿Cómo sería su cara? ¿Cómo se veía? ¿Cómo me recibiría? ¡Cuántas sensaciones encimadas, cuántos secretos insospechados! Mi cabeza no paraba de dar vueltas y vueltas sobre el marco fotográfico imaginado donde aún faltaba el retrato de Nicole.

NOTICE

The search to find a person requires time because the procedure involves two steps:

- Identification of the person sought
- Location of this person

The search begins immediately following reception of your first cheque; however, several months may pass before you hear from us. Do not worry. Information in your file could often be incomplete or incorrect. An extensive and thorough genealogical search is necessary to ensure reliable identification.

As soon as the search has been completed, the assigned professional will contact you.

Les Centres jeunesse de Montréal

SEARCH
FOR BIOLOGICAL
PARENTS

"PILOT"

PROJECT

01-02

Adoption Service
Montreal
(514) 896-3135

"PILOT"

PROJECT

Under the guidelines of a (special) pilot project, the Ministry of Health and Social Services has awarded a grant in order to deal with the waiting list of reunion requests. This project authorizes referrals to professionals in private practice. These professionals are recruited, accredited, and mandated by the Centre Jeunesse de Montreal - Adoption Services. This arrangement calls for a financial contribution on the part of the person requesting a reunion. This contribution is 450$, whereas the actual cost of the service has been evaluated at 1205$. There are exemptions for those whose financial situation does not permit such expenditures. We are offering a three-step service to people interested in the pilot project. Each step has a specific cost.

1. _____ 150$
2. _____ 180$
3. _____ 120$

Step 1 Identification and localisation of the person being sought

This step aims at locating the person being sought using the dates registered in the file at the time of either birth or adoption. Research officers from the Adoption Services use all possible means to identify an locate the person being sought. If this person is deceased or impossible to locate a supportive interview, with no additional fees will be granted, and if desired, referrals to known self-help groups. If the person being sought has also requested a reunion only fees for clinical support will be required.

Step 2 Contact with the applicant, contact with the person being sought,
arrangements for the reunion

This step is carried out by a private practitioner. It consists of:

An interview with the applicant in order to get acquainted, to clarify the applicant's expectations regarding the person being sought, and to consider the possible results of the outcome.

Contact with the person being sought informing him/her of the request for a reunion.

Offer of an interview to discuss this request and preparation for the reunion if the person consents.

In the event of a refusal on the part of the person being sought, the professional can meet with the applicant to inform him/her of the refusal, to offer appropriate clinical support, and if necessary offer referrals to known self-help groups.

Step 3 The reunion

The private practice professional meets with the applicant to transmit the verbal response of the person being sought and to establish the terms of the reunion, convenient to both parties. During the reunion the professional is present to facilitate contact. To conclude the practitioner writes up a double intervention report for our files.

Proyecto piloto de Les Centres jeunesse de Montreal para asistencia en la búsqueda de padres biológicos, servicio elegido por Consuelo Elena.

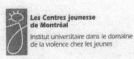

Les Centres jeunesse
de Montréal
Institut universitaire dans le domaine
de la violence chez les jeunes

May 14, 2002

Mrs. Consuela Majluta
Camino del Oeste #86
Arroyo Hondo
Santo Domingo
Dominican Republic

Dear Madam,

With regards to your request, please find enclosed all of the non-confidential information in your file which the Adoption Law allows us to transmit. Spaces left blank signify that we do not possess such information.

If you wish to continue with the procedure for an eventual parent/child reunion, you will find in the enclosed brochure detailed explanations on all available services. Whatever your decision might be, you must complete and return the "Pilot Project" reply form by no later than. **June 14, 2002** Failing to hear from you, we will presume that you are withdrawing your reunion request and your file will be closed.

If in the future you wish to have your file reactivated, be sure to include along with your written request, your payment for the first instalment.

BE SURE TO INFORM US, preferably, in writing, of any change of address. If we receive a request similar to yours from the person you would like to be reunited with, it would be regrettable if we were unable to inform you because of a wrong address or telephone number. **For any information concerning the Pilot Project, please contact Mrs. Diane Vallières at 896-3135.**

We thank you for your collaboration, and we remain,

Yours very truly,

Patricia Whalen,
Adoption services
(514) 896-3136

1001, boulevard de Maisonneuve Est, Montréal (Québec) H2L 4R5

Carta de Les Centres jeunesse de Montreal remitiendo a Consuelo Elena documentación no confidencial relativa a su nacimiento como Marie Linda Boucher Belleville.

Les Centres jeunesse de Montréal
Institut universitaire dans le domaine
de la violence chez les jeunes

DOCUMENT CONCERNING YOUR
SOCIO-BIOLOGICAL BACKGROUND

A: *General information*

1. Identification

Actual legal name: Majluta Villanueva, Consuela Elena del Corazon de Jesus

Primary name: _____, Marie Linda
(if known by the client)

Birth date: November 23, 1967   time of birth: 2:53 hours A.M.

Place of birth
            general hospital: Hôpital de la Miséricorde

            home:

            private hospital:

Region of birth: Montreal, Quebec, Canada

Registration date:
or
Christening date: July 2, 1968 at the "Crèche de la Miséricorde"

2. Medical history

Birth, weight: 5 lbs 10 on   Birth height: 19½ inches

Details of birth:

Gestation of 37 weeks. Normal delivery. You were in good condition.

SP-892.M(96-07)   1001, boulevard de Maisonneuve Est, Montréal (Québec) H2L 4R5   1

Documentos de Les Centres jeunesse de Montreal con información
sobre el nacimiento de Marie Linda-Consuelo Elena.

Documentos de Les Centres jeunesse de Montreal con información
médica sobre Marie Linda-Consuelo Elena.

B: *Information about your biological mother at the time of your birth*

1. Description

   Age: 20 years **weight:** 140 lbs **height:** 5' 1"

   Hair colour: brown **colour of eyes:** brown **complexion:** clear

   Nationality: French Canadian

   race: white

   Civil status: single **religion:** Roman Catholic

2. **Education:** Grade 12 scientific + 1½ years of nursing

3. **Occupation:** (student nurse)

4. **Health status:** good

   Hereditary background:

5. **Specific characteristics (appearance, tastes, aptitudes, leisure activities, etc.):**

   Your biological mother is described as pretty enough with regular features. She was intelligent, resourceful and had good judgment. She enjoyed studying, reading, music and the cinema.

SP-892.M(96-07)

4

Documentos de Les Centres jeunesse de Montreal con información
sobre la madre biológica de Marie Linda-Consuelo Elena.

C. *Information about your biological mother's family <u>at the time of your birth</u>*

   1. Father of your biological mother

      Age: 48 years   occupation: plumber

      Health: he had been an invalid for 15 years (at the time of your birth) no details

      If deceased (age and cause of death if known):

   2. Mother of your biological mother

      Age: 47 years   occupation:

      Health: good

      If deceased (age and cause of death if known):

   3. Your biological mother's siblings

      Number of brothers: 0   sisters: 2

      Rank of birth amongst siblings: eldest

      Twins: yes: ☐   no: ☐   unknown: ☒

      Health: good

   4. Region of birth: "Centre-du-Québec" region

      Rural: ☐   urban: ☒   semi-urban: ☐

   5. Type of relationship your biological mother had with her family:

      According to the file, your biological mother was raised by a maternal aunt who took her into her home when she was a baby. Your biological mother returned to live with her family, upon the death of her aunt, approximately nine months prior to your birth.

      Apparently her father and her sisters were not aware of her pregnancy.
The relationship with her family appears to have been somewhat conflictual at times.

SP-892.M(96-07)   5

Documentos de Les Centres jeunesse de Montreal con información sobre la familia de la madre biológica de Marie Linda-Consuelo Elena.

D. *Information about your biological father <u>at the time of your birth</u>*

<u>the following information was given by</u>

Your mother: ☒ your father: ☐ others: ☐

1. Description

Age: 20 years weight: 130 lbs height: 5' 5"

Hair colour: blond Colour of eyes: blue

Nationality: French Canadian

race: white

Civil status: single religion: Roman Catholic

2. Education: 7th grade

3. Occupation: day labourer

4. Health: good

<u>Hereditary background:</u>

5. Specific characteristics (appearance, tastes, aptitudes, leisure activities, etc...):

6. Your biological father was informed of the pregnancy

Yes: ☒ no: ☐ unknown: ☐

7. Your biological father was informed of your birth

Yes: ☒ no: ☐ unknown: ☐

<u>Comments:</u>

Your biological parents had been in a relationship for several months. They had no marriage plans due to their young ages; however, they were still seeing each other following your birth.

Our files do not contain your biological father's name.

SP-892.M(96-07)   6

Documentos de Les Centres jeunesse de Montreal con información
sobre el padre biológico de Marie Linda-Consuelo Elena.

E. *Information about your biological father's family <u>at the time of your birth</u>*

1. Father of your biological father

   Age: occupation:

   Health:

   If deceased (age and cause of death if known):   deceased (no details)

2. Mother of your biological father

   Age: 50 years   occupation:

   Health: good

   If deceased (age and cause of death if known):

3. Siblings of your biological father

   Number of brothers: 1   sisters: 6

   Rank of birth amongst siblings: fifth

   Twins: yes ☐   no ☐   unknown ☒

   Health:

4. Region of birth:

   Rural: ☐   urban: ☐   semi-urban: ☐

5. Type of relationship your biological father had with his family:

   Our files contain very little information pertaining to your biological father's family.

   Signature
   Patricia Whalen
   Service Adoption   Date: May 14, 2002
   (514) 896-3136

SP-892.M(96-07)   7

Documentos de Les Centres jeunesse de Montreal con información
sobre la familia del padre biológico de Marie Linda-Consuelo Elena.

Durante el viaje a Montreal tuve tiempo suficiente para meditar, reflexionar y repensar en el valor real de los sacrificios y los compromisos.

Recordé una vez qué, en el fragor de la campaña de 1990, ya mi padre con signos inequívocos de la enfermedad aún no diagnosticada, tenía que presentarse en un acto a celebrarse en el Hotel Lina de Santo Domingo. Allí fuimos todos, familia en pleno, y en un momento determinado, mientras estábamos en los salones tras bastidores, mi padre se sentía débil y no se veía nada bien. Vino tío William, lo examinó, constató que la presión la tenía en extremo baja, los ojos enrojecidos y la piel muy pálida. Por los radios de seguridad llegaban los partes de que el salón de actos estaba atestado. Todos veíamos lo mal que estaba y el esfuerzo que debía de hacer en unos minutos para dirigirse a sus prosélitos. Se le inyectó un medicamento para estabilizarlo pero no surtió efecto alguno. Entonces me miró y dijo:

—Consuelito, por favor, dame un masaje en el cuello a ver si se me quita esto. Tengo que salir, toda esa gente me espera ahí afuera.

Yo lo hice con gusto, pero sentí mucha rabia e impotencia, las demandas de terceros, los ideales, los afanes, podían más que su propia vida.

—Vas a mejorar, papi, me voy a quedar cerca de ti todo el tiempo, ¡te quiero!

Al final hizo un esfuerzo sobrehumano y se presentó ante sus seguidores y cumplió a duras penas el compromiso sin que se notara nada, o más bien poco.

Y esta noción sobre sacrificio encajó perfectamente cuando al final de su enfermedad, en Tampa, me dijo: «Consuelito, tanto que uno lucha por una causa y se compromete y al final nada de eso importa. Vive tu vida mi hija y trata de no dejar nada para después. Ese después se vuelve algo lejano hasta que desaparece».

Es por eso que este viaje de reencuentro no lo iba a postergar, era demasiado importante para empalmar las claves, concatenarlas y dar sentido claro al vacío que me había perseguido por tantos años.

En aquel trayecto cansón con escala, pasaba con extrema facilidad de un recuerdo a otro. Me remonté en un momento, mientras miraba por la ventanilla del avión, a los tiempos donde todos juntos nos reuníamos en Puerto Plata. Toda la familia, los diez primos, a montar caballos, explorar, tumbar mangos, cortar caña con mocha, ordeñar las vacas —y aborrecer el olor a leche cálida recién salida de la ubre—; poner discos y bailar hasta que dolían los pies, comprar empanadas de yuca frente a la chocolatera —orgullosa de que papi había sido una vez su administrador—; visitar la heladería frente al parque del pueblo, y al final del periplo, visitar a don Miguel Cocco que era gran amigo de la familia y nos hacía sentir como principitos, con sus halagos y sus cuentos de aventuras pasadas. En fin, que los recuerdos son los que mantienen vivos a esos seres queridos que nunca se van para siempre y que muchas veces podemos sentir su presencia vigilante y protectora. A ellos dos aún los siento deambular entre los rincones de la casa.

También reflexioné en que si hubiese garantía de que el tránsito al otro lado de esta vida es una cuestión de puro trámite, y que ciertamente al final del túnel la cosa no es de miedo sino de regocijo, si se pudiera echar un vistazo a aquello y decidir el paso franco hacia la muerte, el mundo estaría menos aglomerado y las personas serían más felices.

Como feliz estaba yo al llegar al aeropuerto de Montreal después de tres horas de retraso en New York y por primera vez en mi vida ver nieve de verdad, de la gruesa y compacta que hay que quitar con camiones especiales, con un olor peculiar e indescriptible. Apenas poner pie en tierra, sentí una paz magnífica, era como haber llegado a un lugar familiar del cual nunca me había ido, un entorno reconocido y a la vez desconocido que me hizo sentir de inmediato en casa.

Llegué, muy excitada, con las piernas temblorosas y el corazón en la boca a la oficina de servicios de adopción, tal como me lo habían solicitado, a las diez de la mañana, puntual. Ya Nicole, mi madre, estaba allí. Se levantó de la silla y me obsequió un hermoso arreglo de rosas rojas:

—Bienvenue —dijo, con esa voz firme que ya había escuchado y aquellos ojos inquisitivos que me perforaban hasta el alma.

—Gracias —atiné a responder apenas con un hilillo de voz, con una sonrisa que no me salía del todo y me senté para no caer al piso.

Enseguida, traducida por Ivonne, mi madre empezó a contar la historia que yo desconocía por completo, y lo hacía de manera que evidenciaba apenas su emoción, de una manera muy pausada y educada. Me pareció una mujer con una vida interior muy rica, introvertida, inteligente, detallista y buena lectora de las personas. En mi caso, toda oídos, estaba un tanto dislocada y confusa. Al terminar, salimos y allí otra novedad, nos esperaban mis tíos canadienses: France, una de las dos hermanas de Nicole, y su esposo Claude, que era nada menos que uno de los hermanos de mi padre biológico, Camil. Así que de verdad todo quedaba en familia.

Nos fuimos entonces a la casa de la abuela Cecile, donde nos esperaba un hogar muy ordenado, muy limpio, como casi todo allí y se prepararon unas empanadas horneadas muy ricas. En todo momento sentía yo la mirada penetrante de Nicole, que trataba de diseccionarme como un rompecabezas. La barrera del lenguaje fue uno de los escollos más importantes y lo que más nos separaba, pues todo requería de traducción. En mi caso particular llegó un momento donde llegué a sentirme un poco incómoda, pues todos los ojos se posaban en mí, lo cual me hacía sentir el centro de atracción de la mesa, el punto focal de observación. Yo bullía por dentro, plagada de preguntas que no había ordenado correctamente en mi cabeza, sedienta de detalles, quería estar a solas con mi madre pero aquello no era posible con tanta gente en derredor y el espacio tan limitado. Así que lo protocolar, las buenas maneras que allí tanto abundan, la diferencia abismal con la forma bullanguera y cariñosa con que fui crecida, contrastaba pues con el cierto grado de frialdad de mis orígenes.

Aquello cambió un poco al día siguiente cuando conocí a mi hermano Yan y a la que era su novia en ese entonces, que hoy es su esposa. Desde que nos vimos nos abalanzamos el uno al otro y nos confundimos en un largo y caluroso abrazo, la empatía mutua fue instantánea, el chiste en la boca también, el inglés ayudaba aún más, pues ambos nos podíamos comunicar directamente. No cabía duda que en su torrente sanguíneo y el mío, la compatibilidad abundaba. Nos llevó a conocer la ciudad con una energía muy similar a la mía, y enseguida regresó el mismo sentimiento de familiaridad y comunión con el entorno que había experimentado al bajar del avión. Nada parecía fuera de lugar, nada me parecía ajeno o extraño. Me gustaba el frío, las calles adoquinadas, la parte vieja de la ciudad, la catedral de Notre-Dame, la rue de la Commune paralela a la ribera del río St. Lawrence, esa nieve omnipresente; vamos, que había redescubierto mis raíces en una latitud contrapuesta a la que me había tocado vivir en esta amada isla del Caribe.

En otra de las sesiones familiares, mi madre confesó que nunca había perdido las esperanzas de reencontrarme, describió a su manera la angustia de tantos años, desnudó la culpa y afloró cual caudal la curiosidad natural por saber cómo había sido mi vida en las últimas tres décadas. Yo la complací en todo, fui generosa en detalles y no sé si todo lo que aportaba le llegaba exactamente como lo contaba, a causa de la impersonalidad de las traducciones y los errores de comprensión, o dudas, que pueden ocurrir en medio de ellas.

Gracias a Ivonne, a mi hermano y a mi tía France, aquello pudo ser posible de una manera armónica.

Un año después de aquella primera visita, la abuela Cecile, ya muy enferma de cáncer de pulmón —otra vez la maldita enfermedad del fumador—, pidió que fuese a visitarla. Acepté presta y con gusto, volando de nuevo desde Santo Domingo.

En una casa de cuidados para enfermos terminales la encontré, aún sin los signos faciales reconocibles del condenado a muerte, mucho más delgada, y me pasé la tarde con ella. Me había pedido verla para disculparse conmigo pues la decisión moral de adopción a fin de cuentas había sido de ella. A los pocos meses murió, tranquila, según contó mi hermano.

Rachel, mi otra abuela, la madre de Camil, también llegué a verla en sus últimos momentos. No caminaba ni hablaba, e impresionaba el que todo el tiempo abrazaba una muñeca que nadie le podía quitar de los brazos, una regresión al estadio infantil, supongo.

Ese reencuentro estuvo matizado con un hermoso gesto de Ivonne, quien nos invitó a una comida salvadoreña en su casa, donde conocía su marido y a sus tres hijos. Nos hemos hecho muy amigas en el tiempo y agradezco todos los esfuerzos especiales y asistencias que nos proveyó, y que quizás un oficial de servicios de adopción que no fuese latino, probablemente no hubiese entendido la necesidad de ello.

Me fui de Canadá, y siempre he vuelto, con un agridulce sabor en la boca, mezcla de ser y no ser, como supongo que le pasa a toda persona que le toca algún tipo de exilio, ya sea forzado o autoimpuesto.

Carta motivadora de Yvonne Lemus (trabajadora social de origen Salvadoreña), dirigida a Consuelo Elena.

Thursday, Mai 29 th 2003

Holla Consuelo,

Como esta?How are you sister? How is your husband Martin?...and your children.Like I said, I'm sending you more picture about me.

In our future letter, I will tell you some stories about my life.If we start by the beginning, let's say that is been tough...specially when your father is absent.That means one thing, you must count on yourself to get what you want in life.That's the reason why I became a resourcefulness person.When I was young, I was really active.Nicole brought me to the doctor 1 day to know if I was an hyper-active child....i never knew the answer...however, that's gonna explain why I have a business today.

As a child, I was really happy to go to school.I was a good student and I was attracted by the learning experience.I've got a diploma in Science at my local college in Drummondville.Then, I had the opportunity to go to the university to become either an history teacher or a lawyer.At this point, I was interested in the buisiness area and someone approached me to be is partner at 21 years old .I bought 5% of the shares.With years, I found out that school is good to get a job, but there's many ways to get to your personnal goal.

That's gonna be the first chapter of my life.Well, take care of yourself and let's keep in touch.

Yan Belleville
958, rue de la Colline Apt#204
Ste-Foy, Québec
G1W 4X8
CANADA

Carta de Yan Belleville, hermano biológico de Consuelo Elena.

Nicole Belleville, madre biológica
de Marie Linda
y nota de cumpleaños.

Yan Belleville, hermano biológico de Consuelo Elena, diversas etapas
de su vida.

Yan Belleville, hermano biológico de Consuelo Elena, Montreal, 2010.
Debajo:
Mickey, hijo de Yan y Lisa, Montreal, 2016.

Marie Linda - Consuelo Elena, su madre Nicole Belleville y su
hermano Yan, reencuentro, Montreal, 2003.

Consuelo y Yan con la abuela Cecile, reencuentro familiar,
Montreal, 2003.

La abuela Cecile y Nicole, reencuentro familiar, Montreal, 2003.

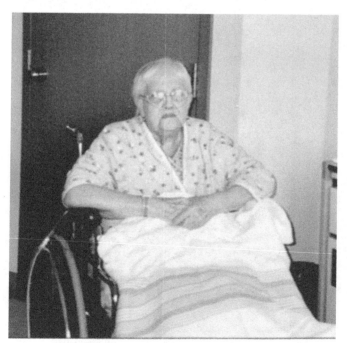

La abuela Cecile, asilo de ancianos, Montreal, 2004.

Familia Villanueva, Santo Domingo, c.1985.

Sarah Villanueva, Fernando Villanueva, Consuelo Elena y Sonia Villanueva, reunión familiar, Santo Domingo, 2016.

VERDINEGRO

Tal como la copa de un olivo, o el saurópsido vertebrado amniota Lacerta schreiberi, que contiene entre su escamada piel anfibia esperanza y luto, así son de ambiguos los colores en la paleta que Consuelo sostiene firme, y desde donde incide por última vez, con brochazos austeros, meditados, el lienzo que ha dado inicio a su singular historia.

Consuelo Elena y Marie Linda, una y otra fusionadas finalmente, ambas acrisoladas por el conocimiento de causa, por el destino universal, se convierten en un gesto de la mano que concluye grácil la composición pictórica.

La travesía cromática asiste en su proceso de sanación, de autocuración. Una especie de exorcismo creativo que ejecuta desde hace ya un año, cuando decidió empezar a intervenir las superficies de más de trescientas abstracciones que se van reproduciendo con una fertilidad seminal, terapéutica.

El oficio la llama y la apasiona. Se sienta pesadamente en una silla, salpicada piel y ropa, perlada de sudor su frente, y vuelve la mirada hacia el amplio rincón del comedor principal donde se acumulan los centenares de bastidores espalda contra espalda y sonríe satisfecha.

En el extremo de la mesa, reposa la tarjeta de negocios de un galerista reputado, la recoge y marca el número telefónico, al tiempo que, con mucha firmeza y convicción, piensa: «estoy lista para exponer estos lienzos y desnudar mi historia».

Santo Domingo,
República Dominicana, 2017

El cónsul canadiense nos observa con curiosidad natural, al tiempo que Consuelo lo perfora con su mirada inquisidora y decidida; y yo, trato de mantener la calma que demanda volver a repetir por milésima vez las mismas respuestas.

—¿Pero con qué propósito harían esas entrevistas en Montreal y Drummondville? —nos pregunta.

—Para producir un filme biográfico, un biopic. Es una buena historia, con un alto contenido humano y social, pero sobre todo, habla bien de Canadá como país —le respondo, sin estar del todo seguro de que aquel tema poco regulado de antaño, donde se cambiaban de manos recién nacidos, fuese el procedimiento más sacrosanto de todos. Seguramente sí, lo lloro y lo canto: algunos bebés quedarían mucho mejor cuidados dentro del seno de familias acomodadas sin descendencia. Tanto más que con sus madres biológicas adolescentes, ansiosas por descubrir el misterio de lo prohibido junto a padres imberbes de gatillo fácil, plagados de acné, cambios hormonales fecundos y escasa educación. Muchos de ellos provenientes de hogares destruidos y trasfondos violentos. Pero el tema de la adopción es en esencia una lotería anti natura, en muchos casos justificada y en otros no tanto, algo que no debería acontecer, y sin embargo es pan de cada día, donde cada cual debe juzgar por su propia condición sin dejar de lado el entendimiento, la empatía y la piedad.

El cónsul mira al aire e intenta asimilar la inusual petición, o quizás en búsqueda de la quinta pata al gato. Algunos dominicanos suelen tener fama internacional como maestros en dibujar castillos en el aire.

—¿Y llevarían ustedes los equipos de filmación o los rentarían allá?

—Ya hablamos con su Comisión Fílmica y está registrada nuestra petición, llevamos los equipos desde aquí, reportamos su ingreso en la aduana canadiense y los traemos todo de vuelta en quince días.

—¿Le bureau du cinéma et de la télévision de Montréal? —aclara el cónsul en francés.

—Oui, précisément, monsieur consul —le respondo cortésmente.

El joven diplomático, vestido con chacabana a la dominicana, bien afeitado y con un toque justo de colonia, fija su mirada entonces en Consuelo.

—¿La historia de su vida?

—Ajá, así es —responde ella, firme.

—Quién lo hubiera dicho, ¿no? Recuerdo cuando estuvo usted aquí para que la asistiéramos con su investigación inicial. Ya hace unos años —recuerda el cónsul.

—Unos cuantos, sí —ratifica Consuelo.

—¿Y pudo encontrarlos?

Consuelo, hace una pausa y traga en seco.

—A ella sí, pero a él... no. Muy tarde.

—¿Y el resto de la familia? —insiste el cónsul.

—Los importantes... sí —precisa ella con los ojos húmedos.

—Apasionante. Verdaderamente increíble, nos da mucho gusto haberla asistido, Consuelo.

El cónsul voltea de nuevo a verme:

—¿Y cuánto tiempo exactamente filmarían en la provincia de Quebec?

—Doce días —le respondo.

El diplomático se lo piensa unos segundos y reacciona sonriente:

—Pues no veo ningún problema, como dicen: Montreal c'est un ville de Cinèma... a film friendly city... una ciudad cinematográficamente amistosa —abunda el cónsul, haciendo gala de su dominio trilingüe—, pueden contar ustedes con las visas temporales para el equipo de filmación y los permisos necesarios para este biopic.

Consuelo se pone de pie de un salto, da vuelta al escritorio y le da un abrazo efusivo al cónsul, que le deja gratamente sorprendido.

—¡Gracias! —dice ella, expresiva y genuina.

—Le deseo a usted lo mejor en la vida, madame Consuelo, lo merece.

EPÍLOGO

El set está perfectamente iluminado, detrás, cual hormiguitas, el ejército de personas encargadas del entramado trabaja en silencio dentro del estudio insonorizado. El Primer Asistente de Dirección conversa con el Director de Fotografía, a la vez que el Director prepara a las actrices que encarnan a Nicole y Consuelo. Cerca de ellos, los que protagonizan los roles de los tíos y de Yan, comparten algunos refrigerios desplegados en la mesa de bufé.

Ya listos para rodar, el cámara y el foquista se aprestan para la llamada de acción.

Justo en ese momento, presente en el monitor de alta definición que sostiene Consuelo Elena Marie Linda sobre su falda, un retruécano de luz, un intervalo fugaz, portento, soplo y santiamén, queda registrada en la impronta del sensor digital de la cámara lo que semejan ser tres siluetas a contraluz, una de esas curiosidades de los prismas, de las lentes, del propio mecanismo de la mirada.

Y es así que a unos dos metros detrás de las actrices que dan vida a Consuelo y Nicole, parecería, si se presta mucha atención, que tres rostros jóvenes, con características muy humanas, parecen observar la escena con sus rasgos difuminados en el claroscuro, y bien vistos, ayudados por una lupa quizás, podría decirse de ellos que en ese instante sonríen.

Uno pareciese un perfil apuesto y muy libanés, en el centro una belleza mestiza y escultural de la costa del Caribe, junto a un chico caucásico de ojos muy azules, con el pelo largo y rubio, a la usanza de la década de 1970.

Esa imagen efímera, conciliadora, esa presencia benevolente, bendita, dura tanto como el percibir la sorpresa, apenas un instante.

Como la vida misma.

CONSUELO (MARIE LINDA)
266

LUIS ARAMBILET

Made in the USA
Las Vegas, NV
27 October 2023